权威·前沿·原创

皮书系列为
“十二五”“十三五”国家重点图书出版规划项目

女性生活蓝皮书
BLUE BOOK OF WOMEN'S LIFE

中国女性生活状况报告 No.14（2021）

ANNUAL REPORT ON CHINESE WOMEN'S STATE OF LIFE No.14 (2021)

中国妇女杂志社
华坤女性生活调查中心
华坤女性消费指导中心
主　编 / 高博燕

社会科学文献出版社
SOCIAL SCIENCES ACADEMIC PRESS (CHINA)

图书在版编目(CIP)数据

中国女性生活状况报告. No. 14，2021 / 高博燕主编
. --北京：社会科学文献出版社，2021.7
（女性生活蓝皮书）
ISBN 978 -7 -5201 -8648 -3

Ⅰ.①中… Ⅱ.①高… Ⅲ.①女性-生活状况-研究报告-中国-2021 Ⅳ.①D669.68

中国版本图书馆 CIP 数据核字（2021）第 137450 号

女性生活蓝皮书
中国女性生活状况报告 No. 14（2021）

主 编 / 高博燕

出 版 人 / 王利民
责任编辑 / 张建中 岳梦夏

出 版 / 社会科学文献出版社 · 政法传媒分社（010）59367156
地址：北京市北三环中路甲 29 号院华龙大厦 邮编：100029
网址：www.ssap.com.cn
发 行 / 市场营销中心（010）59367081 59367083
印 装 / 天津千鹤文化传播有限公司

规 格 / 开 本：787mm × 1092mm 1/16
印 张：13.25 字 数：172 千字
版 次 / 2021 年 7 月第 1 版 2021 年 7 月第 1 次印刷
书 号 / ISBN 978 -7 -5201 -8648 -3
定 价 / 98.00 元

本书如有印装质量问题，请与读者服务中心（010-59367028）联系

编委会

编　委　高博燕　吴宝丽　刘　萍　杨　静　柳亚敏
　　　　江燕华

主　编　高博燕

主要编撰者简介

高博燕　中国妇女杂志社社长、总编辑，中国期刊协会副会长，悦游杂志社社长、总编辑、副编审。曾任中国妇女报社新闻中心副主任、采编部主任、总编室主任，好主妇杂志社总编辑、常务副社长，中国妇女杂志社副总编辑、华坤女性生活调查中心副理事长。曾获中国新闻奖、中国新闻奖论文奖。曾获“全国新闻出版行业领军人才”和“北京市新闻出版行业领军人才”等称号。是“女性生活蓝皮书”《中国女性生活状况报告 No.12（2018）》主编及《新时代　新女性　新生活——2017 年中国女性生活状况总报告》的主要执笔者；是“女性生活蓝皮书”《中国女性生活状况报告 No.13（2019）》主编及《新变化　新挑战　新期盼——2018 年中国女性生活状况总报告》的主要执笔者；是“女性生活蓝皮书”《中国女性生活状况报告 No.14（2021）》主编及《促进妇女全面发展，推动妇女走在时代前列——2019～2020 年中国女性生活状况总报告》的执笔者。

吴宝丽　中国妇女杂志社副社长兼战略发展部主任，中国妇女报刊协会副会长，中国家庭文化研究会理事。文学学士、公共管理硕士。曾获“全国新闻出版行业领军人才”称号。是“女性生活蓝皮书”《中国女性生活状况报告 No.12（2018）》中《2017 年中国城市女性及家庭消费状况调查报告》《中国式家庭情感表达方式调查报告》《现代青年安全避孕认知与行为调查报告》的主要执笔者；是

"女性生活蓝皮书"《中国女性生活状况报告 No. 13 (2019)》中《第14次中国城市女性生活质量调查报告 (2018年度)》《2018年中国城市女性及家庭消费状况调查报告》《"中国青年女科学家奖"公众认知调查分析报告》的主要执笔者；是"女性生活蓝皮书"《中国女性生活状况报告 No. 14 (2021)》中《新时代家庭家教家风调查报告》的主要执笔者，《形体透视生活——城市女性形体健康管理状况调查报告》的执笔者之一。

刘　萍　中国妇女杂志社副总编辑兼全媒体中心主任、《婚姻与家庭》杂志总编辑、《我和宝贝》杂志总编辑、华坤女性生活调查中心理事长、中国婚姻家庭研究会理事，编审，哲学学士，中国科学院心理研究所婚姻家庭专业研究生。曾任《婚姻与家庭》杂志执行主编、主编、常务副社长，华坤女性生活调查中心副理事长。曾获妇女报刊好作品评选一等奖，出版个人作品集《伊人味道》，主编心理学普及读物《只想和你过好这一生》《只想和你好好生活》《这样做父母就对了》等。是"女性生活蓝皮书"《中国女性生活状况报告 No. 14 (2021)》中《第15次中国城市女性生活质量调查报告 (2019~2020年)》和《2019~2020年中国城市女性及家庭消费状况调查报告》的主要执笔者。

魏开琼　中华女子学院女性学系主任、教授、硕士生导师，博士，中国妇女理论研究会理事。主要研究领域为妇女理论、妇女发展、妇女与公共政策、性别平等教育等。出版女性主义知识论、女性主义理论相关著作。近五年发表《女性主义对新自由主义的批判与反思》《玛利亚·米斯和她的主妇化概念——兼论广义社会主义女性主义视角的必要性》《激活争论与反思传统，促进女性学学科建设》《女性学学科建设与人才培养路径探索》《对妇女的暴力：定义、测量与数据收集》《社会性别的建构与形塑——对一个布朗村寨的田野观察》《同步发展：拉萨市妇女发展权益保障的实践》等论文。是“女性生活蓝皮书”《中国女性生活状况报告 No. 14（2021）》中《第15 次中国城市女性生活质量调查报告（2019 ~ 2020 年）》的执笔者之一。

张明明　华坤女性生活调查中心理事、项目主管，硕士中级统计师。是“女性生活蓝皮书”《中国女性生活状况报告 No. 12（2018）》中《2017 年中国城市女性及家庭消费状况调查报告》的执笔者之一；是“女性生活蓝皮书”《中国女性生活状况报告 No. 13（2019）》中《中国家庭室内空气状况认知现状调查报告》的执笔者，《新变化　新挑战　新期盼——2018 年中国女性生活状况总报告》《第 14 次中国城市女性生活质量调查报告（2018 年度）》《2018 年中国城市女性及家庭消费状况调查报告》《“中国青年女科学家奖”公众认知调查分析报告》的执笔者之一；是“女性生活蓝皮书”《中国女性生活状况报告 No. 14（2021）》中《新时代家庭家教家风调查报告》和《2019 ~ 2020 年中国城市女性及家庭消费状况调查报告》的执笔者之一。

摘　要

本书通过《促进妇女全面发展，推动妇女走在时代前列——2019～2020年中国女性生活状况总报告》及《第15次中国城市女性生活质量调查报告（2019～2020年）》《2019～2020年中国城市女性及家庭消费状况调查报告》《新时代家庭家教家风调查报告》《形体透视生活——城市女性形体健康管理状况调查报告》4个调研报告，从不同侧面、不同领域诠释了新时代女性全面发展的精神风貌。

2019年是新中国成立70周年，所取得的伟大成就，展现着女性半边天的磅礴力量。在2020年抗击新冠肺炎疫情最紧要关头，中国女性用担当和奉献换来了山河无恙。她们追求全面发展的特征：胸怀“国之大者”，将小我融入国家发展；努力拼搏奋发进取，主动应对风险挑战；在家庭家教家风建设中发挥独特作用；厉行节约，践行文明健康、绿色环保生活方式；崇尚“四自”精神，注重自身学习成长；积极传递正能量，主动参与志愿服务。她们期待实现全面小康，追求幸福美好生活；她们急需家庭服务，提升家庭生活品质；她们面临多重压力，希望自我调适从容应对。

2019～2020年，城市女性生活质量总体评价为7.7分，高于2018年和2017年。其中，身心健康满意度8.0分，幸福感8.1分，工作满意度7.6分，收入满意度6.8分，居住环境满意度7.7分，家庭生活质量满意度7.9分。超九成被调查女性积极参加抗击新冠肺炎疫情的人民战争。她们与家人相互鼓励共渡难关，经受住了疫情大考。

2019～2020年，受疫情影响，51.3%的被调查女性及家庭“吃喝用度基本网购，乐享移动互联网下的便捷生活”。女性及家庭大笔开支中，房子和孩子的相关支出居前两位，分别为50.9%和42.2%；汽车和医疗健康支出分别居第三、第四位。提高家庭抗风险能力首次进入消费预期前四位。

对于新时代家庭家教家风，99.9%的被调查者认同家庭的重要性；96.9%的人认为家庭美德包括尊老爱幼、母慈子孝、兄友弟恭；99.7%的人赞同家庭教育应当重视品德教育、立德树人；87.3%的人认为每位家庭成员都应成为家庭的建设者。

18～65岁城镇被调查女性平均身高158.6厘米，平均体重58.8千克；人体脂肪率超标者占75.1%。被调查女性形体健康指数均值为71分。

关键词： 女性生活质量　女性及家庭消费　疫情影响　家庭家教家风　女性形体健康

目 录

Ⅰ 总报告

B.1 促进妇女全面发展，推动妇女走在时代前列
——2019～2020年中国女性生活状况总报告
…………… 中国妇女杂志社 华坤女性生活调查中心
华坤女性消费指导中心 / 001

一 新时代女性追求全面发展的六大特征 …………… / 003

二 新时代女性走向全面发展的新需求新期待 ……… / 010

三 推动新时代女性实现全面发展的几点建议 ……… / 014

Ⅱ 女性及家庭生活状况调查

B.2 第15次中国城市女性生活质量调查报告（2019～2020年）
…………… 中国妇女杂志社 华坤女性生活调查中心 / 018

B.3 新时代家庭家教家风调查报告
…………………………… 全国妇联家庭和儿童工作部
华坤女性生活调查中心 / 080

B.4 形体透视生活
——城市女性形体健康管理状况调查报告
………………… 中国家庭文化研究会 中国妇女杂志社
北京兰超形体健康管理科技研究院 / 113

B.5 2019~2020年中国城市女性及家庭消费状况调查报告
……………………………………… 华坤女性消费指导中心 / 145

Abstract …………………………………………………………… / 185

Contents …………………………………………………………… / 188

皮书数据库阅读**使用指南**

总 报 告

General Report

B.1

促进妇女全面发展，推动妇女走在时代前列

——2019～2020年中国女性生活状况总报告

中国妇女杂志社　华坤女性生活调查中心　华坤女性消费指导中心

摘　要：2019年中国女性亲历了庆祝新中国成立70周年盛况；2020年在抗击新冠肺炎疫情最紧要关头，她们用担当和奉献换来山河无恙。她们追求全面发展的特征：胸怀“国之大者”，将小我融入国家发展；努力拼搏奋发进取，主动应对风险挑战；在家庭家教家风建设中发挥独特作用；厉行节约，践行文明健康、绿色环保生活方式；崇尚“四自”精神，注重自身学习成长；积极传递正能量，主动参与志愿服务。她们的新需求新期待：实现全面小康，追求幸福美好生活；急需家庭服务，提升家庭生活品质；面临多重压力，希望自我调

适从容应对。建议：激励女性在构建新发展格局中奋发有为，实现出彩人生；发挥妇联组织和女性独特作用，加强家庭家教家风建设；让性别平等落到实处，推动妇女走在时代前列。

关键词：　城市女性生活质量　女性与家庭消费　家庭家教家风　女性形体健康　疫情影响

2019～2020年有许多属于女性的高光时刻。新中国成立70周年，历数各行各业所取得的伟大成就，处处展现着女性半边天的磅礴力量。抗击新冠肺炎疫情最紧要关头，千千万万中国女性，以勇气和辛劳诠释了医者仁心，用担当和奉献换来了山河无恙。决战脱贫攻坚，决胜全面小康，她们拼搏主战场……奋进新时代，巾帼力量竞相迸发；中华民族伟大复兴的进程中，铸就中国故事女主角的生动群像。

党和政府始终高度重视妇女事业发展，为促进妇女全面发展和男女平等提供了强有力的政治保障和制度机制保障。25年前，联合国第四次世界妇女大会在北京召开，大会通过了《北京宣言》和《行动纲领》，中国政府首次提出“把男女平等作为促进中国社会发展的一项基本国策”，并在党的十八大报告中明确提出“坚持男女平等基本国策，保障妇女儿童合法权益”。2020年10月1日，习近平在联合国大会纪念北京世界妇女大会25周年高级别会议上发表重要讲话，进一步强调“让性别平等落到实处”。25年来，北京世界妇女大会精神不断催生积极变化，新时代妇女事业迎来全新气象，妇女全面发展的环境越来越好，广大女性在各行各业书写着不平凡的成就，在经济社会发展中“半边天”作用日益彰显。本皮书中，胸怀“国之大者”、努力拼搏奋发进取、注重自身学习成长、家庭家教家风建设中发挥独特作用、厉行节约、积极传递正能量等关键语，共同勾画出新时代女性独特的精神风貌和价值追求。

本皮书主体内容由《第 15 次中国城市女性生活质量调查报告（2019～2020 年）》《2019～2020 年中国城市女性及家庭消费状况调查报告》《新时代家庭家教家风调查报告》《形体透视生活——城市女性形体健康管理状况调查报告》4 篇调查报告组成，从不同侧面、不同领域诠释了新时代女性全面发展的精神风貌。

一　新时代女性追求全面发展的六大特征

（一）胸怀“国之大者”，将小我融入国家发展

2020 年，席卷全球的新冠肺炎疫情突如其来。面对疫情严重冲击，以习近平同志为核心的党中央坚持人民至上、生命至上，使中国率先控制住疫情，率先实现经济正增长。这些非凡成就的取得，根本原因在于有以习近平同志为核心的党中央的坚强领导，在于习近平新时代中国特色社会主义思想的科学指引，在于中国特色社会主义制度所具有的显著优势。《第 15 次中国城市女性生活质量调查报告（2019～2020 年）》显示，亲历了庆祝新中国成立 70 周年盛况、抗击新冠肺炎疫情等重大社会事件，被调查女性对中国特色社会主义制度的显著优越性和以人民为中心的发展思想高度认同。76.3% 的被调查女性“真切感受到中国特色社会主义制度的优越性，点赞中国精神、中国力量、中国担当”；近七成被调查女性表示“被生命至上、举国同心、舍生忘死、尊重科学、命运与共的伟大抗疫精神所激励”；65.1% 的被调查女性“被以白衣天使为代表的逆行者和各行各业的坚守者感动和激励”；67.2% 的被调查女性深刻体会到“在中国最有

安全感，祖国是最坚实的依靠”；超六成被调查女性“通过‘国之大典’，感受到新中国沧桑巨变和伟大成就”。《新时代家庭家教家风调查报告》也显示，认同“家是最小国，国是千万家，国与家是命运共同体”“爱国爱家是每个人都应该具有的情怀”的比例均超99.0%，家与国根脉相系、命运与共得到广泛认同。这些调查结果表明新时代女性政治站位高，她们不断增强“四个意识”，坚定“四个自信”，做到“两个维护”，以饱满的政治热情，自觉践行职责使命，时刻听党话、感党恩、跟党走。

抗疫大战的历史大考中，广大女性立足工作岗位，在疫情防控中发挥“半边天”的作用，担当社会责任，做疫情防控的宣传员、监督员，守住家庭防线。胸怀“国之大者”、至诚报国的爱国精神得到具体体现。《第15次中国城市女性生活质量调查报告（2019～2020年）》显示，超九成被调查女性从我做起，从家庭做起，积极参加抗疫人民战争；广大女性不仅做好自我防护，而且在家庭环境清洁消毒、守护家人健康方面表现突出，选择“守护家人健康，注重疫情防控”的比例为63.2%。女性扛起责任，不畏艰险、日夜奋战，坚守在疫情防控第一线。她们舍小家为大家，坚守岗位，履职尽责，在各条战线彰显巾帼担当。

广大女性思想观念、精神面貌、文明风尚、行为规范等与时俱进，坚定不移走中国特色社会主义妇女发展道路，主人翁地位更加彰显。《第15次中国城市女性生活质量调查报告（2019～2020年）》显示，超过八成的被调查女性重视理论学习，注重提高思想政治素养；关心时政，通过全媒体了解时政大事。通过日常思政打卡学习，她们增进了对党的基本理论、基本路线、基本方略的政治认同、思想认同、情感认同，增进了爱国情感，把自己的理想同祖国的前途、把自己的人生同民族的命运紧密联系在一起，有着浓厚的家国情怀。

（二）努力拼搏奋发进取，主动应对风险挑战

女性在创业创新的大舞台上，争当最美巾帼奋斗者，实现全面发展，在职业选择和发展中得到体现和印证。《第15次中国城市女性生活质量调查报告（2019～2020年）》显示，创业创新已经成为一种趋势，女性成为主力军。在被调查女性中，就职于私营企业/民营企业、社会组织的，占24.5%；从事自由职业、自主（网上）创业、从事新媒体行业、从事网格员等新职业的，占13.4%。被调查女性认为“一代人有一代人的担当，立足平凡岗位磨砺奋斗”“难是常态，迎难而上中自我历练”“努力奋斗、只争朝夕，创造美好生活”，展现了她们具有责任担当，能够不畏艰难，靠劳动、靠奋斗实现发展，努力创造美好生活、实现人生价值，以行动建功新时代。

面对疫情给就业民生带来的严重冲击，女性通过选择多渠道灵活就业、积极尝试新就业形态等方式摆脱疫情影响。《第15次中国城市女性生活质量调查报告（2019～2020年）》显示，超过1/10的被调查女性积极利用政策扶持自主创业；她们选择自由职业，选择更丰富、更有弹性的工作；在工作之余，她们做兼职、搞副业、创业增收；近7.0%的被调查女性利用互联网平台直播带货。通过参与互联网新业态，积极化危为机，开拓市场。

经历疫情之后，更多女性倾向于选择稳定就业。当被问及目前工作状态如何时，60.9%的被调查女性选择“有稳定工作，倍感珍惜”。同时从自身出发，在危机中育先机，有能力、有信心战胜各种风险挑战。例如，有近1/5的被调查女性表示经此一疫，转变了就业观念，希望借机尝试新的选择。

（三）家庭家教家风建设中，发挥独特作用

中华民族历来重视家庭，积淀形成的传统家庭美德，铭记在每个

人心中，是家庭文明建设的宝贵精神财富。无论时代如何变化，无论经济社会如何发展，家庭的生活依托都不可替代，家庭的社会功能都不可替代。家庭和睦，社会才能安定；家教良好，未来才有希望；家风纯正，社风才会清正。将“树立优良家风”写入《民法典》，宣示了国家对树立优良家风、弘扬家庭美德和家庭文明建设的高度重视和强力倡导，使我国新时代的家庭文明建设在法律的保障和促进下取得新成就。《新时代家庭家教家风调查报告》显示，99.9%的被调查者认同家庭的重要性；99.5%的被调查者赞同“全社会都要重视家庭建设，培育好家教，弘扬好家风”；99.3%的被调查者肯定优良的家风对整个社会风气具有积极的促进作用；97.8%的被调查者赞同“社会主义核心价值观是家庭文明建设的核心内容，要在日常生活中落细落小落实”；96.9%的被调查者认为“忠诚、责任、亲情、学习、公益”等是家庭美德的重要内容，既包括尊老爱幼、母慈子孝、兄友弟恭、勤俭持家、知书达理等传统家庭美德，也与时俱进注入了追求男女平等、打造学习型家庭、热心公益事业等新内涵。

在家庭家教家风建设中，女性带领家人共同建设相亲相爱的家庭关系，弘扬向上向善的家庭美德，在促进家庭和睦、亲人相爱等方面发挥了优势、担起了责任。《新时代家庭家教家风调查报告》显示，被调查女性在“弘扬家庭美德”“建设优良家风”“照护家庭成员”“维护家庭秩序”“施行科学家教”“引导家庭消费”“组织家庭生产”7个方面彰显独特作用。《第15次中国城市女性生活质量调查报告（2019～2020年）》显示，被调查女性认为自己在“守护家人健康，注重疫情防控”“培育好家风，涵养好家教”“与伴侣共担家庭责任，分担家务，平等和谐”等方面发挥了独特作用。特别是疫情期间，史上最长“宅家”生活，使不少人刷新了对家庭、对生活的认识，对亲人更有耐心，有了更多的时间陪伴家人、享受家庭生活，例如陪孩子玩耍、照顾老人，与家人朋友在社交软件上互动，家庭关系更和谐，家庭成员的幸福感增强了。66.8%的被调查女性认为“非常时期的体验，让我更珍惜幸福生活”；疫情使“家人相互鼓励共渡难关，患难见真情”“‘宅’让家庭成为生活的核心，幸福感增强”“夫妻之间越发亲密，深层交流增多了”“两个人一起陪娃，感觉不是一个人在战斗了”。女性充分发挥家庭“主心骨”作用，积极面对和接纳因为疫情带来的各种不便，力所能及地把家庭生活安排好，让家庭在正常轨道上运行，带领全家人平安地度过疫情，让家更有凝聚力。

新时代父母非常重视对孩子的教育，争做合格家长，树立正确的家庭教育理念，科学育儿水平不断提高。《新时代家庭家教家风调查报告》显示，家长特别是父母对子女的影响非常大，“父母是孩子的第一任老师”“家庭教育能帮助孩子迈好人生的第一个台阶”“家庭是人生的第一课堂”“家庭教育中父母要帮助孩子扣好人生第一粒扣子”；99.7%被调查者赞同“家庭教育应当重视品德教育、立德树人”。《第15次中国城市女性生活质量调查报告（2019~2020年）》也显示，近八成被调查女性认为要树立新时代家庭观，坚持立德树人导向，重视以身作则和言传身教，让孩子立志向、修品行、练本领，注重孩子的全面发展。家教观念呈现新的特征：一是注重带领孩子进行体育锻炼，关注孩子身体和心理的健康成长；二是注重提升孩子应对挫折和应急避险等生存能力；三是注重劳动教育，培养孩子正确的劳动价值观和良好的劳动品质；四是注重培养未成年人的法律意识，加强性别教育，以及自我保护、安全防范教育等；五是注重培养孩子阅读习惯，让孩子爱读书、勤读书、读好书、善读书。

（四）厉行节约，践行文明健康、绿色环保生活方式

一场由疫情带来的深刻变革正在发生。在生活上，各种“新常态”悄然普及：无接触服务、绿色出行、拒食野生动物……女性自

觉践行文明健康、绿色环保的生活方式。《第15次中国城市女性生活质量调查报告（2019～2020年）》显示，经历疫情，被调查女性“更注重饮食健康，拒食野味，拒绝浪费”“比以前讲卫生，更重锻炼，免疫力增强”“在家做饭变身厨神，成为爱劳动会生活的行家里手”。《2019～2020年中国城市女性及家庭消费状况调查报告》也显示，62.4%被调查女性“从我做起，从家庭做起，制止餐饮浪费，崇尚勤俭节约”，位列该年度消费新变化之首。经此一疫，健康观念、健康饮食、健康行为已成为女性日常生活的自觉遵循，她们更加注意公共卫生，督促家人进行垃圾分类。

女性在带领家人共同践行文明健康、绿色环保生活方式上发挥着重要作用。《形体透视生活——城市女性形体健康管理状况调查报告》显示，母亲对家庭成员的形体健康影响最大。子代体重是否超标与母亲体重是否超标有较大关联，如果母亲体重超标，被调查女性体重超重的比例达66.7%。一方面，母亲的遗传基因影响着后代的形体状况。另一方面，母亲扮演家庭饮食提供者的主要角色，“妈妈的味道”也就是母亲的饮食习惯和烹饪习惯，在很大程度上影响着家人的形体健康状况。《2019～2020年中国城市女性及家庭消费状况调查报告》也显示，妈妈们更注重以身作则，为孩子树立良好榜样，带领孩子一起践行勤俭节约的良好家风，也更趋于理性消费，逐渐形成了崇尚绿色环保、追求品质的消费理念。

（五）崇尚“四自”精神，注重自身学习成长

新时代女性不断为自尊、自信、自立、自强的“四自”精神赋予新的时代内涵，敢于向前一步打破性别偏见，战胜内在和外在的压力，刷新人生的高度和维度。女性在事业和家庭间取得平衡，既可以成为职场精英，也可以成为贤妻良母，做“对社会有责任、对家庭有贡献”的新时代女性。她们“内外兼修”，注重内在提升，追求经

济独立、精神独立。《2019～2020年中国城市女性及家庭消费状况调查报告》显示，91.5%的被调查女性有自己的收入。被调查女性较大的几笔开支除了服装服饰、化妆品，还有旅游、健康等精神文化和健康方面的支出。《形体透视生活——城市女性形体健康管理状况调查报告》显示，被调查女性从真正的自我需求出发追求美，自觉进行形体健康管理，而不是一味迎合异性审美标准。思想更加独立的女性，努力打造具有独特个性、引领风潮、由内而外的“女性美”。

女性具有终身学习的观念，及时进行知识更新，不断自我充电、成长进步。知识更新带给女性的不是单纯的知识积累，还有阅历的丰富和视野的开阔。《第15次中国城市女性生活质量调查报告（2019～2020年）》显示，女性认识到当今社会知识更新速度快，担心落后于他人。“充电学习，阅读/学习/上网课等”排在闲暇活动第一位。即使在疫情期间，她们也坚持充电学习，通过阅读、自学、上网课等形式不断提升自己。《2019～2020年中国城市女性及家庭消费状况调查报告》也显示，“在线教育、进修培训等充电学习支出”是被调查女性的重要开支，高学历女性更注重职业技能和自身素养的提升，充电学习的愿望更强烈；选择自主创业、新媒体行业等新兴职业的女性面临更大的挑战和压力，也有更强大的学习动力。

（六）积极传递正能量，主动参与志愿服务

在疫情防控斗争中，广大女性积极弘扬奉献、友爱、互助、进步的志愿精神，挺身而出，向险逆行，日夜奋战，展示了新时代中国女性的勇气与担当。有的化身社区疫情防控信息员、有的成为纾解居民紧张情绪的知心大姐，为他人送温暖，为社会做贡献，传递了满满的正能量。《第15次中国城市女性生活质量调查报告（2019～2020年）》显示，有三成被调查女性经常利用闲暇时间“参加公益活动，社区值守，做巾帼志愿者”，特别是为特殊时期的群众生活保障、困

难群体关爱服务等尽责出力，承担起宣传防疫、楼宇网格摸排、卡口值守、送菜送药、心理疏导等工作。

消费扶贫一头连着贫困地区，一头连着广阔的市场，贫困地区的特色农产品与消费者相遇，不仅丰富了居民的购物车，还开拓出一条可持续的扶贫助农之路。“边购物边做公益”的模式也受到城市女性及家庭的青睐。《2019～2020 年中国城市女性及家庭消费状况调查报告》显示，28.3% 的被调查女性及家庭参与了消费扶贫、购买公益性农产品，助力脱贫攻坚。在党政机关、事业单位、群团组织和国有企业工作的被调查女性，参与消费扶贫的比例更高，她们带头做表率，开展定点帮扶，承担起助力打赢脱贫攻坚战的责任。

二　新时代女性走向全面发展的新需求新期待

（一）实现全面小康，追求幸福美好生活

2020 年是决战脱贫攻坚、决胜全面小康的收官之年。“民亦劳止，汔可小康”，寄托着千百年来中国人对幸福生活的憧憬与期盼。全面建成小康社会，实现第一个百年奋斗目标，是党向人民、向历史做出的庄严承诺。“小康不小康，关键看老乡。”这句话形象地说明了小康社会不仅要看经济总量，还要看老百姓的生活质量；不仅要看平均数，还要看大多数。《第 15 次中国城市女性生活质量调查报告（2019～2020 年）》显示，被调查女性心目中都有一个“小康”图景，依次是“社会风气良好，人民生活安定”“生活富裕，日子越过越好”“天蓝水绿，生态环境更美”“社会保障、公共服务等更周全更细化”“生活有文化味儿，精神生活越来越丰富”“获得感、幸福感、安全感扎扎实实体现在日常生活中”“社会公平正义，法制更加健全”。这些调查结果表明，小康不仅是衣食住行等物质生活的升级，

社会安定、公平正义、绿色生态、精神文化、民生保障……这些关乎百姓切身福祉的内容，也是广大女性和家庭心中的“小康”。

为实现全面建成小康社会，女性不断创享美好生活，幸福感日益明显。《第 15 次中国城市女性生活质量调查报告（2019～2020 年）》显示，被调查女性的生活质量满意度总体为 7.7 分（总分为 10 分），高于 2018 年的 6.7 分和 2017 年的 7.5 分，为近年来最高值。

（二）数字技能攀升，乐享智慧“云生活”

当前，新一轮科技革命和产业革命深入推进，信息技术日新月异。疫情期间，在线教育、在线办公、在线购物和娱乐迅猛发展，科技智能重塑生活方式，移动互联网下的智慧生活逐渐成为女性及家庭的新常态。超长“宅”家进一步加强了人们对在线生活的依赖。中国社会科学院旅游研究中心联合腾讯等机构进行的“中国国民休闲状况调查（2020）”数据显示，突破时间和空间限制的移动休闲在国民休闲中越来越重要，平均每日在线时间为 4.9 小时。《第 15 次中国城市女性生活质量调查报告（2019～2020 年）》显示，超半数被调查女性及家庭在疫情期间“‘云娱乐’‘云健身’‘云消费’开启全方位‘云生活’模式”；“云逛街”，线上团购、拼单等“云消费”成为女性最主要的闲暇活动之一。《2019～2020 年中国城市女性及家庭消费状况调查报告》也显示，被调查女性“吃喝用度基本网购，乐享移动互联网下的便捷生活”；漫长的“宅”家时光还让更多女性体验了“看直播买买买、跟风各种网红带货”；一大批原本对互联网接受度较低的中老年人成为网购“新粉”，数字技能不断提升，体验到了“云生活”的丰富便捷。

精神文化活动丰富了女性及家庭的居家生活，也提高了闲暇生活质量。《第 15 次中国城市女性生活质量调查报告（2019～2020 年）》显示，亲子阅读、锻炼健身、在线学习、在线看展、“云旅游”等精神文化活动，是被调查女性及家庭闲暇生活的重要内容。受疫情影响，在女性及家庭闲暇活动中，旅游降至第六位，旅游消费降至家庭大笔开支的第七位。随着我国疫情防控常态化，旅游市场也逐步复苏。但鉴于国外疫情形势依然严峻，出境游难以恢复，国内游将成为女性及家庭旅游度假选择的“主场”，自驾游、文旅游、深度体验游、小众游等将备受她们及其家人欢迎。

（三）急需家庭服务，期待家庭生活品质提升

随着收入增长，消费水平提高，加之新型城镇化、人口老龄化和“全面二孩”政策落实等多种因素的综合影响，女性及家庭对家庭服务的需求强烈。《2019～2020 年中国城市女性及家庭消费状况调查报告》显示，被调查女性及家庭愿意为家庭服务买单，例如托育、上网课、上补习班等培育孩子的相关支出，防疫、看病、保健养生等医疗健康支出，照顾老人、请保姆、请小时工、请护工等家政服务支出。被调查女性及家庭对“闪送”、无接触配送等到家服务依赖性增强。以网购、快递配送等为代表的新业态为女性及家庭送去了生活必需品，维持了她们的生活正常运行，大大降低了特殊时期的感染风险。

家庭服务业在服务标准、诚信服务机制、从业人员职业道德、平台建设等方面有了明显改善，但高品质家庭服务供给缺口依然很大，急需从粗放型向精细化、专业化、品质化方向发展，助力女性及家庭生活品质提升。《新时代家庭家教家风调查报告》显示，被调查者急需的家庭服务需求主要集中在 4 个方面：“建立社区养老的支持系统”居首位；“出台家庭建设相关政策”居第二位；“建立托幼养老机构”居第三位；“家务劳动社会化”居第四位。年轻被调查者对家务劳动社会化的需求最大。养老重在“生活照料”，但陪伴、包容、理解等“精神慰藉”，已成为老人照护急需增强的重要内容。《第 15

次中国城市女性生活质量调查报告（2019～2020年）》显示，被调查女性及家庭急需的家庭和社区服务主要分为：一是婚姻家庭咨询服务，希望提供婚恋情感、亲子教育等方面的指导，以及家庭纠纷调解、法律咨询服务、疫后心理关爱、心理健康服务等；二是生活服务，包括家庭医生、社区医院等公共卫生服务，尤其是针对“一老一小”的服务，学龄儿童托管、老人的照料和陪伴服务等；三是改善环境的服务，希望社区对垃圾处理更精细化，使环境卫生更好；四是对困难妇女和困境家庭的帮扶服务。

（四）面临多重压力，希望自我调适从容应对

做“对社会有责任，对家庭有贡献”的新时代女性，对女性职业发展以及家庭生活管理能力提出更高的要求，同时也带来更多挑战。《第15次中国城市女性生活质量调查报告（2019～2020年）》显示，被调查女性面临的最大压力是“担心自己和家人健康”，受疫情影响健康已经成为她们最为关注的话题之一；其次是担心知识更新速度快，担心疫情导致工作、学业受影响，带来经济压力。此外，家庭责任与工作之间的平衡仍是被调查女性面临的重要压力。例如照料家人负担重，因陪娃写作业、上网课、打卡而焦虑等。《新时代家庭家教家风调查报告》显示，家庭冲突和纠纷的发生，首因是“缺乏责任感”；其次是“自私自利”和“不相互尊重”；其他依次是“重财轻情”“经济困难”“性别歧视”“享乐主义”。

面对多重压力，女性不断提高调适压力的智慧和与压力共存的能力。《第15次中国城市女性生活质量调查报告（2019～2020年）》显示，被调查女性通过培养兴趣爱好、转移注意力和宣泄情绪等方式调节压力的比例最高。例如，“培养兴趣爱好，找到适合自己的排遣渠道，保持自洽”“听音乐、看电影、看书，转移注意力”“跟家人、闺密等亲朋倾诉，宣泄情绪、分享经验”。其次是通过远离负面信

息，以积极应变的方式调节压力，学会与压力共存，凡事努力向好，积极应变。再次是通过追剧、刷抖音等在网上娱乐消遣、社群分享或心理咨询的方式进行调节。还有女性跳出“小我”，以投身公益事业帮助他人等方式释放压力，让自我价值得到有效发挥，获得更积极的体验。《形体透视生活——城市女性形体健康管理状况调查报告》显示，70.0%的女性或多或少都存在身体姿态不良的情况；女性对健康知识具备基本的认识，也怀有美好的意愿，但不能完全按照健康的方式生活，尤其在饮食和运动方面，大部分女性有“口是身非”的情况。因此要积极引导女性树立正确的健康观念，让她们认识到不仅要拥有优美而健康的形体，也要有随时化解不良情绪、积极应对压力的健康心理。

三　推动新时代女性实现全面发展的几点建议

党的十九届五中全会是在中国进入新发展阶段、实现中华民族伟大复兴关键时刻召开的一次具有全局性、历史性意义的重要会议。会议通过的《中共中央关于制定国民经济和社会发展第十四个五年规划和二〇三五年远景目标的建议》，描绘了未来五年乃至更长一段时期我国经济社会发展的宏伟蓝图，也为广大女性担当新使命、展现新作为提供了强大动力和广阔舞台。在这样的时代背景下，为助力女性阔步新征程，实现全面发展，提出以下几点建议。

（一）激励女性在构建新发展格局中奋发有为，实现出彩人生

要紧扣高质量发展，贯彻新发展理念，为广大女性参与高质量发展搭建平台、创造条件，引导女性特别是女科技工作者、女企业家、女大学生等积极参与构建新发展格局，立足岗位奋斗新征程，走在时代前列，实现出彩人生。在科技发展日新月异的今天，互联网技术的

广泛应用给女性创业创新带来前所未有的契机，要为她们提供指导、教育与培训，激励更多女性主动参与数字生活，共享数字经济成果，在现代服务业、数字产业、电子商务等领域担当作为。助力女性积极参与创新驱动发展，深化“创业创新巾帼行动”，特别是发挥女性在科技自立自强中的“半边天”作用，带领广大女性在贯彻新发展理念、构建新发展格局、推动高质量发展中建功立业。

为广大女性提供多重就业保障，着力提升女性就业质量。调查发现，并非所有被调查女性都有稳定工作；农民/进城务工女性以及从事自由职业、自主（网上）创业、从事新职业的被调查女性收入相对较低，女性就业仍旧是一个需要引起社会关注的话题。要落实“六稳”“六保”要求，围绕保就业、保民生、保市场主体，积极为商贸餐饮、文化旅游、手工编织、家政服务、电子商务等女性就业比较集中的女性优势行业、产业争取政策，促产促销，稳岗增岗。

引导广大女性坚定发展信心，靠劳动、靠奋斗实现发展，实现共同富裕。疫情冲击下，居民收入增长放缓，增加储蓄以抵抗风险的意愿也有所加强，要鼓励她们增强对“中国制造”的民族感情，认同并积极购买国产品牌，增强消费信心。随着老龄化社会的到来，数量庞大、有钱又有闲的老年群体消费能力不容小觑，要积极开发老龄人力资源，挖掘“银发经济”红利。

（二）发挥妇联组织和女性独特作用，加强家庭家教家风建设

要充分发挥妇联组织作用，将做好家庭工作作为妇联组织服务大局、服务妇女的重要着力点。调查结果显示，87.1%的被调查者表示妇联在家庭建设中发挥着重要作用。作为党和政府联系妇女群众的桥梁纽带，妇联组织在推进家庭文明建设方面既担负着义不容辞的责任，也具有得天独厚的优势。应加大对妇联家庭工作的宣传，让“五好家庭”“寻找最美家庭”等妇联组织特色品牌活动渗透到每个

家庭。引导家庭成员发挥各自能量，成为家庭的建设者。要发挥女性在社会生活和家庭生活中的独特作用，倡导男性主动与女性一起分担照顾老人、养育子女、家务劳动等责任。

要深化家庭工作，充分发挥家庭家教家风在基层社会治理中的重要作用，深化“家家幸福安康工程”，促进社会主义核心价值观在家庭落地生根。要加大对新时代家庭观的宣传，加大典型家庭宣传力度，出台更多家庭激励政策，以榜样引领、典型示范，引导更多家庭争做文明家庭。要组织和动员广大女性持续投身常态化疫情防控和爱国卫生运动，持续开展“小手拉大手，共建美丽家园”“垃圾分类我先行”“巾帼健康大讲堂”等活动，为妇女儿童和家庭营造干净、卫生、健康的生活环境。要引领女性及家庭形成健康消费观，坚决制止餐饮浪费，自觉坚持绿色消费和理性消费。

要推动妇联组织嵌入基层治理体系、妇联工作融入基层治理各项建设、妇联力量加入基层治理队伍，带动妇女在共治共建共享的基层治理中发挥作用，助力改善人民生活品质，扎实推动共同富裕，使妇女和家庭的获得感、幸福感、安全感更加充实、更有保障、更可持续。

（三）让性别平等落到实处，推动妇女走在时代前列

2020 年 10 月 1 日，习近平主席在联合国大会纪念北京世界妇女大会 25 周年高级别会议上，再次向世界表明在性别平等与妇女发展上的中国主张。要让性别平等落到实处，帮助妇女摆脱疫情影响，特别要关注一线女性医务工作者的身体健康、社会心理需求、工作环境；通过心理健康知识讲座、心理咨询热线、心理辅导等形式，增强女性应对风险和危机的能力。强化社会服务，优先保障孕产妇、儿童等特殊人群，格外关心贫困妇女、老龄妇女、残疾妇女等困难群体，为她们做好事、解难事、办实事。

要贯彻落实男女平等国策，加大源头参与力度，推动完善促进男女平等、妇女全面发展的制度机制，提高妇女参与国家和经济文化社会事务管理水平。让保障妇女权益上升为国家意志，使《民法典》走进家庭、走到妇女身边。对严重侵犯妇女权益的犯罪行为依法打击，进一步提供性别平等的就业保障，消除针对妇女的偏见、歧视、暴力，让性别平等真正成为全社会共同遵循的行为规范和价值标准。

要实现妇女事业和经济社会同步发展。坚持在发展中保障妇女权益，靠发展改善妇女民生，充分发挥政府作用，广泛调动社会力量，发挥广大妇女的积极性、主动性、创造性，推动妇女走在时代前列，在开启全面建设社会主义现代化国家的新征程中贡献巾帼力量。

执笔：高博燕，中国妇女杂志社社长、总编辑、副编审，中国期刊协会副会长。是2018年以来“女性生活蓝皮书”《中国女性生活状况报告》主编及3本皮书中中国女性生活状况总报告的主要执笔者。

女性及家庭生活状况调查

Women and Family Life Survey

B.2
第15次中国城市女性生活质量调查报告（2019～2020年）

中国妇女杂志社　华坤女性生活调查中心

摘　要：对5153位城市女性的调查显示，2019～2020年，女性生活质量满意度总体评价为7.7分，高于2018年的6.7分和2017年的7.5分。其中，身心健康满意度8.0分，幸福感8.1分，工作满意度7.6分，收入满意度6.8分，居住环境满意度7.7分，家庭生活质量满意度7.9分。调查主要结论：2020年，超九成被调查女性积极参加抗击新冠肺炎疫情的人民战争。她们政治站位高，大局意识强，将小我融入国家大局中；她们与家人相互鼓励共渡难关，经受住了疫情大考；她们重视家庭家教家风建设，注重子女全面发展；她们选择灵活就业缓解经济压力，但更倾向并珍惜稳定就业；应对挑战，她们努力充电学习，不断进步。建议：提升女性应对不确定性的能力；保障女性权益，让女性平等享有改革发展成果；发挥妇女在社会生活和家庭生活中的作用，促进男女平等的实现。

关键词： 城市女性 生活质量 评价指数 疫情影响

2019 年，是新中国成立 70 周年、五四运动 100 周年。2020 年，是全面建成小康社会和《国民经济和社会发展第十三个五年规划纲要》收官之年，抗击新冠肺炎疫情、决战决胜脱贫攻坚、全面消除绝对贫困……一系列国家大事和民生关切，让 2019 年不同凡响，让 2020 年极不平凡。2020 年 10 月 1 日，国家主席习近平在联合国大会纪念北京世界妇女大会 25 周年高级别会议上通过视频发表重要讲话，倡导加快实现性别平等；促进全球妇女事业发展。在这一重要历史进程中，城市女性的生活状况如何？疫情给她们的生活与工作带来什么样的挑战？她们如何更好地在社会生活和家庭生活中发挥独特作用？

中国妇女杂志社、华坤女性生活调查中心在已开展 14 次“中国城市女性生活质量调查”的基础上，开展了 2019 ~ 2020 年度的中国城市女性生活质量调查，旨在充分了解城市女性在思想观念、价值取向、社会生活、家庭家教家风等方面的新动态、新变化、新需求。

本次调查除了通过中国妇女杂志社系列新媒体投放问卷，为了保障调查对象的多样性和代表性，还特别通过新时代家庭数据平台在线调查系统“问家星”，以及腾讯问卷平台精准投放了电子问卷。本次调查问卷浏览量超过 1 万人（10147 人），回收问卷 5193 份，通过审核的有效问卷为 5153 份。本报告使用统计分析软件 SPSS 进行数据筛查、逻辑检验和统计分析。

一　被调查女性的基本情况

本部分将分别从人口基本特征、社会经济地位和婚姻家庭状况三个方面描述被调查女性的基本情况。

（一）人口基本特征

1. 被调查女性的居住地

被调查女性来自全国 31 个省（自治区、直辖市），以及香港特别行政区、澳门特别行政区和台湾地区。

调查对象为在城市居住半年以上的女性。在被调查的地区中，排名前五位的依次是：山东省（11.8%）、广东省（10.4%）、北京市（10.0%）、江苏省（7.7%）和浙江省（6.4%）（见表 1）。

表 1　被调查女性的居住地

单位：人，%

居住地	频率	百分比	有效百分比	累积百分比
北京市	513	10.0	10.0	10.0
天津市	116	2.3	2.3	12.2
河北省	274	5.3	5.3	17.5
山西省	180	3.5	3.5	21.0
内蒙古自治区	104	2.0	2.0	23.0
辽宁省	159	3.1	3.1	26.1
吉林省	89	1.7	1.7	27.8
黑龙江省	124	2.4	2.4	30.3
上海市	143	2.8	2.8	33.0
江苏省	399	7.7	7.7	40.8
浙江省	329	6.4	6.4	47.2
安徽省	95	1.8	1.8	49.0

续表

居住地	频率	百分比	有效百分比	累积百分比
福建省	211	4.1	4.1	53.1
江西省	101	2.0	2.0	55.1
山东省	609	11.8	11.8	66.9
河南省	186	3.6	3.6	70.5
湖北省	161	3.1	3.1	73.6
湖南省	130	2.5	2.5	76.1
广东省	537	10.4	10.4	86.6
广西壮族自治区	100	1.9	1.9	88.5
海南省	32	0.6	0.6	89.1
重庆市	70	1.4	1.4	90.5
四川省	123	2.4	2.4	92.9
贵州省	24	0.5	0.5	93.3
云南省	64	1.2	1.2	94.6
西藏自治区	2	0.0	0.0	94.6
陕西省	95	1.8	1.8	96.4
甘肃省	133	2.6	2.6	99.0
青海省	4	0.1	0.1	99.1
宁夏回族自治区	9	0.2	0.2	99.3
新疆维吾尔自治区	30	0.6	0.6	99.9
香港特别行政区	3	0.1	0.1	99.9
澳门特别行政区	1	0.0	0.0	99.9
台湾地区	3	0.1	0.1	100.0
合　计	5153	100.0	100.0	

由于中国幅员辽阔，地区间经济社会发展状况、人们的生活水平存在较大差异，本次调查按照不同区域的社会经济发展状况，将被调查女性的居住地划分为东部、中部、西部、东北部和港澳台五大地区。其中，来自东部的被调查女性占61.4%，中部占16.6%，西部

占14.7%，东北部占7.2%。还有少量被调查者来自香港特别行政区、澳门特别行政区和台湾地区（见表2）。

表2　调查女性的区域划分

单位：人，%

地区分布	频率	百分比	有效百分比	累积百分比
东部	3163	61.4	61.4	61.4
中部	853	16.6	16.6	77.9
西部	758	14.7	14.7	92.6
东北部	372	7.2	7.2	99.9
港澳台	7	0.1	0.1	100.0
合　计	5153	100.0	100.0	

2. 被调查女性的年龄结构

本次调查面向18岁以上的女性。从回收的有效问卷来看，被调查女性平均年龄为34岁。其中18~44岁的青年女性超过八成(83.4%)，是本次调查的主要人群。由于本次调查问卷是通过网络投放，这一结果呈现年龄与网络活跃度的正相关性，网络用户年轻，网络活跃度相对也高。

从年龄分布来看，30~34岁被调查女性所占比例最大，为22.4%；25~29岁被调查女性居其次，为20.2%；35~39岁被调查女性居第三位，为16.3%；18~24岁被调查女性居第四位，为14.1%；四者合计为73.0%，也就是说“80后”“90后”占比近3/4。40~44岁、45~49岁、50~54岁和55岁及以上的比例相对较小，分别为10.4%、8.4%、5.1%和3.0%，这一方面可能与这一群体对新媒体的可及性有关，另一方面与这一群体的网络活跃度有关（见表3）。

表 3　被调查女性的年龄分段

单位：人，%

年龄区间	频率	百分比	有效百分比	累积百分比
18 ~24 岁	726	14. 1	14. 1	14. 1
25 ~29 岁	1040	20. 2	20. 2	34. 3
30 ~34 岁	1153	22. 4	22. 4	56. 6
35 ~39 岁	842	16. 3	16. 3	73. 0
40 ~44 岁	536	10. 4	10. 4	83. 4
45 ~49 岁	435	8. 4	8. 4	91. 8
50 ~54 岁	265	5. 1	5. 1	97. 0
55 岁以上	156	3. 0	3. 0	100. 0
合　计	5153	100. 0	100. 0	

（二）社会经济地位

教育、职业、收入等因素是显示个体社会经济地位的重要指标，对这些因素的比较有助于进一步考察女性在个人、家庭与社会生活等方面的参与情况。

1. 被调查女性的受教育程度

在本次被调查女性中，初中及以下学历的，占 7. 2%；高中/中专/技校学历的，占 15. 6%；大学专科学历的，占 20. 6%；本科及以上学历的，占 56. 6%。其中，大学本科学历所占比例最大，达到 47. 6%；研究生及以上占到 9. 0%（见表 4）。从学历来看，大多数被调查女性接受过良好的教育，几乎每 10 个被调查女性中就有 1 个研究生，每两个被调查女性中就有 1 个大学本科生，近 80. 0% 的被调查女性有大学专科及以上学历。

表4　被调查女性的受教育程度

单位：人，%

受教育状况	频率	百分比	有效百分比	累积百分比
初中及以下	371	7.2	7.2	7.2
高中/中专/技校	804	15.6	15.6	22.8
大学专科	1059	20.6	20.6	43.4
大学本科	2454	47.6	47.6	91.0
硕士研究生	427	8.3	8.3	99.3
博士研究生	38	0.7	0.7	100.0
合　计	5153	100.0	100.0	

2. 被调查女性的职业状况

被调查女性的就业领域非常多元，按比例由高到低排列依次为：科教文卫等事业单位的，占25.0%；私营企业/民营企业的，占21.8%；自由职业者占10.0%；在校读书的，占7.6%；国企上班的，占7.5%；党政机关的，占6.3%；全职在家带孩子的妈妈占5.4%；群团组织的，占3.4%；社会组织的，占2.7%；农民、进城务工者占2.7%；外企员工占2.1%；自主（网上）创业者占1.8%；新媒体行业从业者、网格员等新职业的，占1.6%；社区工作者和退休人员占比均在1.0%以下（见表5）。

从职业状况来看，超过8.0%的被调查女性通过就业或创业的形式广泛参与到各行各业中。被调查女性在党政机关、事业单位、群团组织和国有企业工作的，占42.1%；就职于私营企业/民营企业、社会组织的，占24.5%；从事自由职业、自主（网上）创业、新媒体行业、网格员等新职业的，占13.4%。这既体现了新时代广大妇女参与社会经济活动的积极性、主动性、创造性，也符合“大众创业、万众创新”的趋势。

表 5　被调查女性的职业状况

单位：人，%

职业或职业领域	频率	百分比	有效百分比	累积百分比
党政机关	324	6.3	6.3	6.3
群团组织	174	3.4	3.4	9.7
事业单位	1289	25.0	25.0	34.7
国有企业	384	7.5	7.5	42.1
外资企业	110	2.1	2.1	44.3
私营企业/民营企业	1121	21.8	21.8	66.0
社会组织	138	2.7	2.7	68.7
自由职业	514	10.0	10.0	78.7
自主(网上)创业	91	1.8	1.8	80.4
新媒体行业从业者、网格员等新职业	80	1.6	1.6	82.0
全职在家	276	5.4	5.4	87.3
农民/进城务工	139	2.7	2.7	90.0
在校读书	392	7.6	7.6	97.7
其他	88	1.7	1.7	99.4
社区工作者	10	0.2	0.2	99.6
退休人员	23	0.4	0.4	100.0
合　计	5153	100.0	100.0	

3. 被调查女性的收入状况

个人年收入：超六成被调查女性为3万~18万元。收入包括工资薪酬、经营性收入、财产性收入等在内的总收入。2019~2020年，91.5%的被调查女性有自己的个人收入。年收入3万~18万元的中等收入女性占比超过六成（64.4%），3万元以下的低收入女性占21.9%，18万元以上的高收入女性占5.2%。还有8.5%的被调查女性没有个人收入（见表6）。

表 6　被调查女性的个人收入状况

单位：人，%

个人收入	频率	百分比	有效百分比	累积百分比
3 万元以下	1128	21.9	21.9	21.9
3 万～6 万元	1572	30.5	30.5	52.4
6 万(不含)～12 万元	1316	25.5	25.5	77.9
12 万(不含)～18 万元	432	8.4	8.4	86.3
18 万元以上	269	5.2	5.2	91.5
没有个人收入	436	8.5	8.5	100.0
合　计	5153	100.0	100.0	

结合职业情况来看，在外资企业和私营企业/民营企业中，被调查女性的平均年收入较高，年收入 18 万元以上的女性占比分别为 24.5% 和 8.3%；年收入 12 万（不含）～18 万元的女性占比分别为 27.3% 和 9.7%；年收入 6 万（不含）～12 万元的女性占比分别为 31.8% 和 28.2%。需要注意的是，在私营企业/民营企业中，收入分化较为明显，年收入在 3 万元以下的比例也达到了 16.7%。党政机关、群团组织、事业单位和国有企业中的被调查女性年收入居其次，主要为 3 万（不含）～12 万元，占比分别为 73.5%、61.5%、73.4% 和 66.7%。

农民/进城务工女性以及从事自由职业者、自主（网上）创业、从事新媒体行业者、网格员等的被调查女性收入相对较低。农民/进城务工女性中收入在 3 万元以下的占比最高，为 65.5%；其次为自由职业者和社会组织员工，分别为 43.8% 和 31.2%；在没有收入的女性中，除了在校读书的以外，需要引起关注的是全职在家的女性，占比为 37.7%。

家庭年收入：超六成被调查女性为 6 万（不含）～30 万元。由于各地的经济社会发展水平不同，不同地区收入和消费水平略有差异。结合国家统计局的标准，本报告将年收入为6万（不含）~30万元的家庭设定为中等收入家庭。2019~2020年，包括工资薪酬、经营性收入、财产性收入等在内，年收入6万（不含）~30万元的中等收入家庭占比超过六成（67.8%），6万元以下的低收入家庭占22.4%，30万元以上的高收入家庭占9.7%（见表7）。

表7　被调查女性的家庭收入状况

单位：人，%

家庭收入	频率	百分比	有效百分比	累积百分比
6万元以下	1153	22.4	22.4	22.4
6万(不含)~12万元	1557	30.2	30.2	52.6
12万(不含)~18万元	968	18.8	18.8	71.4
18万(不含)~24万元	595	11.5	11.5	82.9
24万(不含)~30万元	378	7.3	7.3	90.3
30万(不含)~36万元	207	4.0	4.0	94.3
36万元以上	295	5.7	5.7	100.0
合　计	5153	100.0	100.0	

（三）婚姻家庭状况

1. 被调查女性的婚姻状况

在被调查女性中，已婚占68.6%，未婚占27.7%，离异占3.0%，丧偶的占0.7%（见表8）。根据国家统计局官网公布的数据，2018年15岁及以上女性人口中已婚有配偶、未婚、离异和丧偶的比例分别为75.1%、14.8%、1.9%和8.3%。两者结果的不一致可能缘于调查对象的年龄和城乡分布差异等因素。通过对比2010年第六次全国人口普查数据中城乡人口婚姻状况可知，城市女性的未婚比例高于农村女性，而已婚有配偶比例低于农村女性。这表明城乡妇女的婚姻状况确实存在差异，城市女性未婚比例相对较高。

表 8　被调查女性的婚姻状况

单位：人，%

婚姻状况	频率	百分比	有效百分比	累积百分比
已婚	3536	68.6	68.6	68.6
未婚	1425	27.7	27.7	96.3
离异	155	3.0	3.0	99.3
丧偶	37	0.7	0.7	100.0
合计	5153	100.0	100.0	

从不同年龄被调查女性的婚姻状况可以看出，24 岁及以下未婚的比例超过 90.0%。但 40 岁之后，超九成被调查女性步入了婚姻殿堂；在 30～34 岁的被调查女性中，选择结婚的比例迅速上升（从 46.9% 上到 83.0%），选择单身的比例迅速下降（从 52.2% 下降到 14.1%）；35～49 岁是离异高峰期，50 岁之后离婚比例下降（见表 9）。

表 9　不同年龄被调查女性的婚姻状况

单位：%

婚姻状况	18～24 岁	25～29 岁	30～34 岁	35～39 岁	40～44 岁	45～49 岁	50～54 岁	55 岁及以上	合计
已婚	9.5	46.9	83.0	87.5	93.1	93.1	90.6	90.4	68.6
未婚	90.1	52.2	14.1	6.2	1.7	0.7	0.8	0.0	27.7
离异	0.3	0.8	2.7	5.8	4.9	5.3	3.8	3.8	3.0
丧偶	0.1	0.1	0.3	0.5	0.4	0.9	4.9	5.8	0.7
合计	100.0	100.0	100.0	100.0	100.0	100.0	100.0	100.0	100.0

2. 被调查女性的生育状况

在被调查女性中，有孩子的，占 68.0%；没有孩子的，占

32.0%。其中，有1个孩子的，占47.1%；有2个孩子的，占19.1%；有2个以上孩子的，仅占1.8%（见表10）。

表10　被调查女性的生育状况

单位：人，%

孩子	频率	百分比	有效百分比	累积百分比
1个	2428	47.1	47.1	47.1
2个	983	19.1	19.1	66.2
2个以上	92	1.8	1.8	68.0
没有孩子	1650	32.0	32.0	100.0
合　计	5153	100.0	100.0	

从不同婚姻状况被调查女性的生育情况来看，单亲妈妈现象需引起关注。调查数据显示，2.1%的未婚女性有孩子，其中有2个及以上孩子的比例超过1.0%；83.9%的离异女性有孩子，有2个及以上孩子的比例超过13.0%；94.6%的丧偶女性有孩子，有2个及以上孩子的比例为16.2%（见表11）。随着家庭结构和社会结构的多元化，一个家庭可能因为各种因素而造成单亲，如离婚、配偶死亡、未婚先育等，女性独自抚养孩子的家庭户数量越来越多，社会不仅需要关注单亲妈妈群体，更需要关注单亲妈妈群体内部的差异性及其特殊需求。

表11　不同婚姻状况被调查女性的生育状况

单位：%

孩子数量	已婚	未婚	离异	丧偶	合计
1个	64.3	1.0	71.6	78.4	47.1
2个	26.9	0.9	9.7	13.5	19.1
2个以上	2.4	0.2	2.6	2.7	1.8
没有孩子	6.4	97.9	16.1	5.4	32.0
合　计	100.0	100.0	100.0	100.0	100.0

二 胸怀“国之大者”，彰显家国情怀

本节主要从被调查女性在重大事件中的主观感受、疫情给生活带来的改变以及被调查女性心中的小康社会等方面，考察新时代女性的新动态、新趋向。

（一）在社会生活和家庭生活中发挥独特作用

本次调查设计了新时代女性在思想观念、价值取向、职业发展、家庭建设等方面的10种新观念和新追求。调查结果显示，被调查女性认为自己在“从我做起，从家庭做起，积极参加抗疫人民战争”（67.4%）、“注重家庭家教家风，发挥女性在家庭生活中的独特作用”（64.6%）和“一代人有一代人的担当，立足平凡岗位磨砺奋斗”（61.1%）做得“很好”的比例较高，均超过六成。这些数据充分展现了广大女性的大局意识和担当意识，她们能够在社会生活和家庭生活中承担责任，发挥独特作用，成为对社会有责任、对家庭有贡献的新时代女性。

被调查女性在“把小我融入祖国的大我，更好实现人生价值”（55.4%）、“‘难’是常态，迎难而上中自我历练”（53.5%）和“努力奋斗、只争朝夕，创造美好生活”（51.2%）认为自身做得“很好”的比例均超过一半，展现了女性不仅胸怀“国之大者”，具有家国情怀，能够不畏艰难、奋力拼搏，努力创造美好生活、实现人生价值。

被调查女性在“向先进典型和身边榜样学习，见贤思齐”“充电学习，不负韶华，让人生出彩”“重视理论学习，提高思想政治素养”“关心时政，通过全媒体了解时政大事”4个方面认为做得“很好”的比例在40.0%左右，认为“还需努力”的比例较高，表明被调查女性在提升政治素养和提高个人能力上有较高标准和追求（见表12）。

表 12　被调查女性对 10 种新观念和新追求的自我评价

单位：%

观念与追求	很好	一般	还需努力	合计
关心时政,通过全媒体了解时政大事	38.2	46.7	15.1	100.0
重视理论学习,提高思想政治素养	40.0	41.6	18.5	100.0
充电学习,不负韶华,让人生出彩	44.6	35.2	20.1	100.0
努力奋斗、只争朝夕,创造美好生活	51.2	31.4	17.3	100.0
向先进典型和身边榜样学习,见贤思齐	48.6	34.1	17.3	100.0
从我做起,从家庭做起,积极参加抗疫人民战争	67.4	23.0	9.5	100.0
把小我融入祖国的大我,更好实现人生价值	55.4	30.6	14.0	100.0
注重家庭家教家风,发挥女性在家庭生活中的独特作用	64.6	26.1	9.3	100.0
一代人有一代人的担当,立足平凡岗位磨砺奋斗	61.1	27.2	11.6	100.0
“难”是常态,迎难而上中自我历练	53.5	32.6	13.9	100.0

1. 随着年龄增加，被调查女性更重视理论学习

在“关心时政，通过全媒体了解时政大事”方面，被调查女性随着年龄增加，越来越认可自己在这方面的努力。具体而言，在18 ~24 岁被调查女性中，认为自己很关心时政，通过全媒体了解时政大事的比例为29.8%；而在55 岁及以上被调查女性中，这一比例达到63.5%，接近2/3（见表13）。

表 13　对“关心时政，通过全媒体了解时政大事”，不同年龄被调查女性自我评价比较

单位：%

评价	18 ~ 24 岁	25 ~ 29 岁	30 ~ 34 岁	35 ~ 39 岁	40 ~ 44 岁	45 ~ 49 岁	50 ~ 54 岁	55 岁及以上	合计
很好	29.8	32.8	35.2	39.9	44.2	46.4	48.7	63.5	38.2
一般	53.6	51.8	48.0	46.6	41.4	39.3	39.2	25.0	46.7
还需努力	16.7	15.4	16.8	13.5	14.4	14.3	12.1	11.5	15.1
合　计	100.0	100.0	100.0	100.0	100.0	100.0	100.0	100.0	100.0

2. 随着受教育程度提高，被调查女性更关心时政

从受教育程度来看，初中及以下学历的被调查女性认为自己在“关心时政，通过全媒体了解时政大事”方面做得很好的比例为28.8%，有24.0%认为自己还需努力；在博士研究生中，认为自己做得很好的比例最高，达到65.8%；在硕士研究生中，认为自己做得很好的近一半，显示出被调查女性在这方面的自我评价整体趋向满意（见表14）。以上数据表明，随着受教育程度的提高，女性的政治素养也逐渐提升，知识女性更注重理论学习。

表14　对“关心时政，通过全媒体了解时政大事”，不同学历被调查女性自我评价比较

单位：%

评价	初中及以下	高中/中专/技校	大学专科	大学本科	硕士研究生	博士研究生	合计
很好	28.8	34.2	35.4	40.7	43.1	65.8	38.2
一般	47.2	47.5	48.9	46.2	45.2	21.1	46.7
还需努力	24.0	18.3	15.7	13.1	11.7	13.2	15.1
合　计	100.0	100.0	100.0	100.0	100.0	100.0	100.0

（二）被调查女性在重大事件中的感受深刻

亲历庆祝新中国成立70周年的盛况，迎战突如其来的新冠肺炎疫情，被调查女性有很多深刻的感受。“真切感受到中国特色社会主义制度的优越性，点赞中国精神、中国力量、中国担当”（76.3%）；“被生命至上、举国同心、舍生忘死、尊重科学、命运与共的伟大抗疫精神激励”（69.0%）；“在中国最有安全感，祖国是最坚实的依靠”（67.2%）；“非常时期的体验，让我更珍惜幸福生活”（66.8%）；“被以白衣天使为代表的逆行者和各行各业的坚守者感动和激励”

（65.1%）；“通过‘国之大典’，感受新中国沧桑巨变和伟大成就”（60.6%）；以上选项的比例均超六成，表明在2019～2020年，亲历了重大社会事件以后，女性对中国特色社会主义制度优越性和以人民为中心的发展思想高度认同，充分感受到了中国精神、中国力量和中国担当（见表15）。

表15　被调查女性的主观感受

单位：人次，%

感受	频率	个案百分比	排序
通过“国之大典”，感受新中国沧桑巨变和伟大成就	3123	60.6	6
真切感受到中国特色社会主义制度的优越性，点赞中国精神、中国力量、中国担当	3934	76.3	1
非常时期的体验，让我更珍惜幸福生活	3441	66.8	4
被生命至上、举国同心、舍生忘死、尊重科学、命运与共的伟大抗疫精神激励	3553	69.0	2
在中国最有安全感，祖国是最坚实的依靠	3461	67.2	3
被以白衣天使为代表的逆行者和各行各业的坚守者感动和激励	3355	65.1	5
“六稳”、“六保”给了我定心丸	571	11.1	10
疫情防控的人民战争中，妇女和家庭发挥了重要作用	1242	24.1	7
男女平等国策深入人心，妇女全面发展的环境越来越好	830	16.1	9
女性地位提高，越来越多女性活跃在各行各业	1134	22.0	8
其他	33	0.6	6
总　计	24677	478.9	

如表16所示，被调查女性受教育程度不同其感受不同。博士研究生学历的被调查女性在“非常时期的体验，让我更珍惜幸福生活”（81.6%）；“在疫情防控的人民战争中，妇女和家庭发挥了重要作用”（44.7%）；“女性地位提高，越来越多女性活跃在各行各业”（31.6%）等选项上的比例明显高于其他被调查女性。

受教育程度是衡量个体社会经济地位的重要指标，也是体现两性平等的重要因素。此外，受过高等教育的女性在自我认知上也更能认可女性在社会生活中做出的贡献。因此，要鼓励更多女性接受高等教育，培养女性的家国情怀，更好地发挥女性在社会生活中的重要作用。

表 16　不同学历被调查女性的主观感受比较

单位：%

感　受	初中及以下	高中/中专/技校	大学专科	大学本科	硕士研究生	博士研究生
通过“国之大典”，感受新中国沧桑巨变和伟大成就	49.5	57.0	60.6	63.8	58.6	57.9
真切感受到中国特色社会主义制度的优越性，点赞中国精神、中国力量、中国担当	73.8	77.7	75.8	77.5	70.2	73.7
非常时期的体验，让我更珍惜幸福生活	59.5	64.2	65.4	69.1	64.3	81.6
被生命至上、举国同心、舍生忘死、尊重科学、命运与共的伟大抗疫精神所激励	62.7	65.0	66.5	72.7	67.8	60.5
在中国最有安全感，祖国是最坚实的依靠	63.2	66.6	65.9	69.6	61.0	44.7
被以白衣天使为代表的逆行者和各行各业的坚守者感动和激励	65.9	64.6	63.7	66.4	61.5	55.3
“六稳”“六保”给了我定心丸	11.4	12.8	11.6	11.1	7.3	7.9
在疫情防控的人民战争中，妇女和家庭发挥了重要作用	23.8	21.6	21.1	25.6	26.7	44.7
男女平等国策深入人心，妇女全面发展的环境越来越好	21.1	18.2	17.1	15.1	11.6	10.5
女性地位提高，越来越多女性活跃在各行各业	24.1	21.7	19.4	21.9	27.2	31.6
其他	0.3	0.6	0.7	0.5	0.9	5.3

（三）疫情给被调查女性生活带来的改变

这场新冠肺炎疫情给被调查女性的生活和家庭带来哪些改变？调查数据显示，被调查女性认为疫情以来“更注重饮食健康，拒食野味，拒绝浪费”（68.6%），“比以前讲卫生，更重锻炼，免疫力增强”（61.4%），“‘云办公’‘云娱乐’‘云健身’‘云消费’开启全方位‘云生活’模式”（52.3%）的比例均超过五成。经此一疫，健康观念、健康饮食、健康行为已经成为女性日常生活的重要部分，越来越多的人重视健康生活方式与公共卫生。

被调查女性认为“经历非常时期，人生有了诸多特殊感悟，一言难尽”（47.6%），“在家做饭变身厨神，成为爱劳动会生活的行家里手”（42.1%），“环保意识提升，践行绿色生活”（34.8%），“生活节奏慢下来，重拾个人爱好，更注重生活质量”（28.3%），“史上最长‘宅家’生活，刷新了对家庭、对生活的认识”（26.2%），“‘宅’凝聚了家庭成员，家庭关系更和谐”（22.3%）的比例均超过两成（见表17）。尽管疫情给人们的生活带来了诸多的不确定性，但也让被调查女性提升了环保意识，她们更愿意践行绿色生活，也更加看重生活质量和家庭关系。

表17　疫情给被调查女性生活带来的改变

单位：人次，%

改变	频率	个案百分比	排序
“云办公”“云娱乐”“云健身”“云消费”开启全方位“云生活”模式	2695	52.3	3
在家做饭变身厨神，成为爱劳动会生活的行家里手	2169	42.1	5
更注重饮食健康，拒食野味，拒绝浪费	3533	68.6	1
比以前讲卫生，更重锻炼，免疫力增强	3162	61.4	2
经历非常时期，人生有了诸多特殊感悟，一言难尽	2452	47.6	4
环保意识提升，践行绿色生活	1795	34.8	6

续表

改变	频率	个案百分比	排序
生活节奏慢下来,重拾个人爱好,更注重生活质量	1457	28.3	7
“宅”凝聚了家庭成员,家庭关系更和谐	1147	22.3	9
史上最长“宅家”生活,刷新了对家庭、对生活的认识	1348	26.2	8
其他	43	0.8	10
总　计	19801	384.3	

通过梳理被调查女性在“其他”中填答的内容我们可以看出，被调查女性认为疫情之后生活的确发生了方方面面的改变，除了上述选项内容之外，还有很多女性疫情期间奋战在一线，她们以职责为使命，通过奉献彰显担当。“值班成常态，春节都没回老家”“在社区参与疫情防控工作”“疫情期间值守，让我有更多责任感”“疫情期间长期加班，突然停下来的时候，有点不太适应了”，她们舍小家顾大家，在不同的领域和行业拥有相同的坚守和奉献。

如表 18 所示，疫情给各年龄段被调查女性的生活都带来很多改变。比较而言，年轻的被调查女性认为经历疫情，“云办公”“云娱乐”“云健身”“云消费”开启全方位“云生活”模式；在家做饭变身厨神，成为爱劳动会生活的行家里手。而年长的被调查女性更注重饮食健康，拒食野味，拒绝浪费；比以前讲卫生，更重锻炼，免疫力增强；环保意识提升，主动践行绿色生活。

表 18　疫情给不同年龄被调查女性的生活带来改变的比较

单位：%

改变	18～25岁	26～30岁	31～35岁	36～40岁	41～45岁	46～50岁	51～55岁	55岁以上
“云办公”“云娱乐”“云健身”“云消费”开启全方位“云生活”模式	60.0	55.7	54.5	48.1	45.2	41.6	43.2	37.9

续表

改变	18～25岁	26～30岁	31～35岁	36～40岁	41～45岁	46～50岁	51～55岁	55岁以上
在家做饭变身厨神，成为爱劳动会生活的行家里手	45.8	47.2	41.6	39.9	36.9	33.7	37.3	39.5
更注重饮食健康，拒食野味，拒绝浪费	60.6	61.8	65.7	73.4	78.1	83.7	78.9	88.7
比以前讲卫生，更重锻炼，免疫力增强	54.8	56.5	60.0	65.0	68.0	68.0	73.5	78.2
经历非常时期，人生有了诸多特殊感悟，一言难尽	41.8	47.7	48.1	51.1	48.2	51.2	49.7	47.6
环保意识提升，践行绿色生活	27.7	26.5	33.4	37.6	42.9	47.3	57.3	55.6
生活节奏慢下来，重拾个人爱好，更注重生活质量	29.2	28.0	27.0	31.1	22.7	28.1	30.8	32.3
“宅”凝聚了家庭成员，家庭关系更和谐	22.1	20.6	20.2	25.3	24.1	24.1	21.1	25.8
史上最长“宅家”生活，刷新了对家庭、对生活的认识	28.0	24.8	24.6	25.8	26.6	27.3	28.6	27.4
其他	1.1	0.8	1.1	0.6	0.6	0.7	0.5	0.8

（四）被调查女性心目中的小康生活

小康社会一直是中国人理想的社会生活状态，表达了人们对美好生活的向往。调查结果显示，被调查女性心目中的小康生活是：“社会风气良好，人民生活安定”（69.1%）；“生活富裕，日子越过越好”（65.2%）；“天蓝水绿，生态环境更美”（62.9%）；“社会保障、公共服务等更周全更细化”（56.7%）；“生活有文化味儿，精神生活越来越丰富”（52.6%）；“获得感、幸福感、安全感扎扎实实体现在日常生活中”（47.7%）；“社会公平正义，法制更加健全”

(40.6%)(见表 19)。以上调查结果表明，在被调查女性心中，全面建成小康社会不仅要解决温饱问题，而且要能够满足人民在经济、社会、文化、生态等各方面的发展需求。

表 19　被调查女性心目中的小康生活

单位：人次，%

小康生活	频率	个案百分比	排序
生活富裕,日子越过越好	3358	65.2	2
天蓝水绿,生态环境更美	3240	62.9	3
社会风气良好,人民生活安定	3561	69.1	1
生活有文化味儿,精神生活越来越丰富	2708	52.6	5
社会保障、公共服务等更周全更细化	2922	56.7	4
社会公平正义,法制更加健全	2090	40.6	7
获得感、幸福感、安全感扎扎实实体现在日常生活中	2458	47.7	6
其他	20	0.4	
总　计	20357	395.1	

三　贡献智慧力量，走在时代前列

党的十八大以来，以习近平同志为核心的党中央高度重视妇女和妇女工作、妇女事业。习近平总书记在不同场合多次强调妇女的“半边天”作用，鼓励女性创造出彩人生。2018 年 11 月 2 日，习近平总书记在同全国妇联新一届领导班子成员集体谈话时的重要讲话中提出，“要引导妇女发扬爱国奉献精神，自尊自信自立自强，以行动建功新时代，以奋斗创造美好生活，在祖国改革发展的伟大事业中实现自身发展，在人民创造历史的伟大奋斗中赢得出彩人生”。本节将从工作状态、业余生活安排、面临的压力及其调节方式等方面，考察新时代女性的社会生活状况。

（一）就业观念与方式趋向多元

调查结果显示，被调查女性对工作状态的选择，比例从高到低依次是："有稳定工作，倍感珍惜"（60.9%）；"自由职业，工作形态选择更丰富、更有弹性"（18.3%）；"经此一疫，转变了就业观念，借机改变，想尝试新的选择"（17.9%）；"工作之余兼职，搞点副业、创业增收"（17.0%）；"积极利用政策扶持自主创业"（13.2%）；"受疫情影响，工作不稳定"（12.6%）；"今年毕业，仍在求职"（7.3%）；"利用互联网平台直播带货，累并快乐着"（6.8%）（见表20）。

2020年初，在新冠肺炎疫情影响下，有些企业停工停产，女性就业状况不稳定，因此更加珍惜和向往一份稳定的工作。也有不少女性选择自由职业或者弹性工作，做兼职、搞副业、创业增收，利用政策扶持自主创业或者利用互联网平台直播带货。虽然受到疫情影响，但广大女性敢于求新求变，在危机中发现先机，积极摆脱疫情带来的负面影响。

表20　被调查女性的工作状态

单位：人次，%

状态	频率	个案百分比	排序
有稳定工作，倍感珍惜	3136	60.9	1
积极利用政策扶持自主创业	682	13.2	5
今年毕业，仍在求职	375	7.3	7
自由职业，工作形态选择更丰富、更有弹性	943	18.3	2
利用互联网平台直播带货，累并快乐着	351	6.8	8
工作之余兼职，搞点副业、创业增收	877	17.0	4
受疫情影响，工作不稳定	648	12.6	6
经此一疫，转变了就业观念，借机改变，想尝试新的选择	923	17.9	3
其他	343	6.7	
总　计	8278	160.6	

从表 21 可以看出，各年龄段的被调查女性，选择“有稳定工作，倍感珍惜”的比例均高于其他选项。尤其对于 26 ~ 55 岁的被调查女性而言，选择该选项的比例超过 60.0%，显著高于其他选项。

表 21　不同年龄被调查女性的工作状态比较

单位：%

状态	18 ~ 25 岁	26 ~ 30 岁	31 ~ 35 岁	36 ~ 40 岁	41 ~ 45 岁	46 ~ 50 岁	51 ~ 55 岁	55 岁以上
有稳定工作，倍感珍惜	37.4	60.1	66.6	71.5	71.8	67.7	73.0	54.0
积极利用政策扶持自主创业	13.1	14.9	14.0	10.9	9.5	14.8	13.0	18.5
今年毕业，仍在求职	20.7	6.6	5.3	3.0	1.9	1.7	2.7	1.6
自由职业，工作形态选择更丰富、更有弹性	19.9	17.8	20.1	16.6	14.2	19.0	18.9	22.6
利用互联网平台直播带货，累并快乐着	5.9	9.0	7.0	5.6	3.9	8.6	5.9	7.3
工作之余兼职，搞点副业、创业增收	19.3	19.6	17.5	14.9	12.2	14.1	14.6	18.5
受疫情影响，工作不稳定	11.1	14.2	12.3	12.7	11.5	16.5	8.6	10.5
经此一疫，转变了就业观念，借机改变，想尝试新的选择	17.4	18.6	17.1	18.8	19.4	15.8	18.9	16.1
其他	15.9	3.8	3.2	3.4	2.9	5.7	6.5	27.4

随着受教育程度提高，被调查女性选择“有稳定工作，倍感珍惜”的比例逐渐上升，从初中及以下学历的 39.2% 上升到博士研究生学历的 71.1%，上升了近一倍。反之，“自由职业，工作形态选择更丰富、更有弹性”“工作之余兼职，搞点副业、创业增收”“受疫情影响，工作不稳定”的比例基本呈现递减的趋势，表明被调查女性受教育程度越高，工作越稳定（见表 22）。

表 22　不同学历被调查女性的工作状态比较

单位：%

状态	初中及以下	高中/中专/技校	大学专科	大学本科	硕士研究生	博士研究生
有稳定工作，倍感珍惜	39.2	47.6	57.2	68.5	69.3	71.1
积极利用政策扶持自主创业	16.2	19.5	14.8	11.4	6.0	13.2
今年毕业，仍在求职	2.7	9.0	9.3	6.9	5.2	15.8
自由职业，工作形态选择更丰富、更有弹性	35.1	30.7	20.2	12.7	8.8	15.8
利用互联网平台直播带货，累并快乐着	7.8	10.1	7.8	5.7	3.3	10.5
工作之余兼职，搞点副业、创业增收	20.3	20.3	19.1	15.8	10.7	7.9
受疫情影响，工作不稳定	31.6	18.8	13.5	8.9	4.8	2.6
经此一疫，转变了就业观念，借机改变，想尝试新的选择	21.9	18.9	17.9	17.4	15.2	18.4
其他	9.7	7.0	7.4	5.7	6.4	10.5

对于不同婚姻状况的被调查女性而言，有稳定的工作同样非常重要。但对于未婚的被调查女性而言，有一份稳定工作的重要性并不如已婚、离异或丧偶者高，其比例为46.3%；而后两者选择“有稳定工作，倍感珍惜”的比例分别达到66.6%和64.7%（见表23）。

受教育程度与婚姻状况两个变量折射出稳定就业对女性个体和家庭的重要影响。已有的研究也表明，受教育程度与就业质量之间呈现正相关性，但对那些尚未进入婚姻家庭中的女性而言，稳定的工作并未成为首选，这除了显示年轻一代拥有更多选择空间以外，也显示出婚姻家庭因素给女性日常生活选择和判断带来的影响。

表 23　不同婚姻状况被调查女性的工作状态比较

单位：%

状态	已婚	未婚	离异或丧偶
有稳定工作，倍感珍惜	66.6	46.3	64.7
积极利用政策扶持自主创业	15.0	9.3	11.1
今年毕业，仍在求职	4.8	14.2	2.6
自由职业，工作形态选择更丰富、更有弹性	19.6	15.8	15.8
利用互联网平台直播带货，累并快乐着	7.7	4.4	7.9
工作之余兼职，搞点副业、创业增收	17.0	17.7	12.1
受疫情影响，工作不稳定	12.1	13.2	18.9
经此一疫，转变了就业观念，借机改变，想尝试新的选择	17.0	19.8	20.0
其他	4.6	11.3	8.4

（二）业余生活安排兼顾家庭与自我

充电学习、陪伴家人是女性的主要业余生活。按选择比例从高到低排列，被调查女性在业余时间的活动依次为："充电学习，阅读/学习/上网课等"（52.7%）；"陪孩子、亲子阅读"（44.5%）；"温暖陪伴、照顾老人"（36.1%）；"刷视频/打游戏/追剧等娱乐活动"（30.3%）；"锻炼健身、美容养生等"（29.8%）；"各地文化体验游、特色旅游"（27.8%）；"'云逛街'，线上团购、拼单等'云消费'"（26.2%）；"培养兴趣爱好，在线看展、逛博物馆等休闲文化活动"（24.4%）；"参加公益活动，社区值守，做巾帼志愿者"（23.0%）；"与家人朋友在社交软件上互动，参加社群活动"（16.9%）（见表24）。

疫情期间，人们都在家自行居家隔离，每天不用奔波在上下班的路上，有了更多的时间陪伴家人、享受家庭生活；也有了更多个人生活的时间和空间，从快节奏的工作当中慢下来或充电学习，或锻炼健身、娱乐身心；越来越多的人开始习惯“云生活”，在线逛街、在线看展、在线学习等休闲文化活动丰富了居家生活。

表 24　被调查女性的闲暇活动

单位：人次，%

活动	频率	个案百分比	排序
陪孩子、亲子阅读	2295	44.5	2
温暖陪伴、照顾老人	1860	36.1	3
参加公益活动，社区值守，做巾帼志愿者	1183	23.0	9
充电学习，阅读/学习/上网课等	2717	52.7	1
各地文化体验游、特色旅游	1434	27.8	6
刷视频/打游戏/追剧等娱乐活动	1560	30.3	4
“云逛街”，线上团购、拼单等“云消费”	1350	26.2	7
培养兴趣爱好，在线看展、逛博物馆等休闲文化活动	1259	24.4	8
与家人朋友在社交软件上互动，参加社群活动	873	16.9	10
锻炼健身、美容养生等	1535	29.8	5
其他	34	0.7	
总　计	16100	312.4	

从表 25 可以明显看出，不同年龄被调查女性的闲暇活动存在显著差异。30 岁及以下的被调查女性主要闲暇活动为“充电学习，阅读/学习/上网课等”和“刷视频/打游戏/追剧等娱乐活动”；31 ~45 岁的被调查女性主要闲暇活动则为“陪孩子、亲子阅读”，尤其是 36 ~40 岁的被调查女性，其比例接近 70.0%。

表 25　不同年龄被调查女性的闲暇活动比较

单位：%

活动	18～25岁	26～30岁	31～35岁	36～40岁	41～45岁	46～50岁	51～55岁	55岁以上
陪孩子、亲子阅读	14.5	39.6	64.7	69.6	57.5	27.1	23.8	35.5
温暖陪伴、照顾老人	28.0	30.9	32.9	36.6	44.9	53.9	53.5	45.2
参加公益活动，社区值守，做巾帼志愿者	24.9	18.8	19.7	20.2	24.3	33.0	31.9	41.1
充电学习，阅读/学习/上网课等	65.7	53.4	45.5	51.0	48.5	48.3	49.7	48.4
各地文化体验游、特色旅游	31.4	28.8	27.0	26.8	23.5	24.1	27.6	30.6
刷视频/打游戏/追剧等娱乐活动	47.0	40.7	28.5	21.5	15.5	13.5	14.6	8.9
“云逛街”，线上团购、拼单等“云消费”	36.1	30.9	27.9	20.4	17.3	15.8	13.5	12.9
培养兴趣爱好，在线看展、逛博物馆等休闲文化活动	29.5	25.2	20.5	23.0	20.0	28.3	19.5	29.0
与家人朋友在社交软件上互动，参加社群活动	20.4	19.5	15.0	13.2	15.1	15.3	12.4	28.2
锻炼健身、美容养生等	17.8	22.1	26.0	34.1	43.1	45.6	56.8	49.2
其他	0.7	0.7	0.4	0.9	0.4	1.0	1.1	0.0

调查结果显示，随着被调查女性受教育程度的提升，选择“充电学习，阅读/学习/上网课等”为主要闲暇活动的比例逐渐增加。初中及以下学历的被调查女性选择该选项的比例为27.3%；但在博士研究生学历的被调查女性中，选择该选项的比例达到了68.4%（见表26）。这一差异表明，为了促进女性享有终身学习的机会，提高女性受教育水平应作为其中一个重要的步骤与手段。

表26　不同学历被调查女性的闲暇活动比较

单位：%

闲暇活动	初中及以下	高中/中专/技校	大学专科	大学本科	硕士研究生	博士研究生
陪孩子、亲子阅读	53.5	45.0	39.7	45.5	41.4	36.8
温暖陪伴、照顾老人	43.8	39.7	35.2	34.9	30.0	34.2
参加公益活动，社区值守，做巾帼志愿者	27.0	28.7	23.0	22.1	14.4	18.4
充电学习，阅读/学习/上网课等	27.3	43.1	50.3	58.7	62.6	68.4
各地文化体验游、特色旅游	13.8	15.8	29.0	32.4	32.9	31.6
刷视频/打游戏/追剧等娱乐活动	22.7	25.6	32.7	31.4	33.8	26.3
“云逛街”，线上团购、拼单等“云消费”	14.3	19.3	25.2	29.5	33.6	15.8
培养兴趣爱好，在线看展、逛博物馆等休闲文化活动	17.0	22.3	23.9	26.4	24.6	23.7
与家人朋友在社交软件上互动，参加社群活动	22.4	20.7	14.2	16.7	13.9	18.4
锻炼健身、美容养生等	29.2	29.9	29.5	29.2	33.1	21.1
其他	1.1	0.4	0.6	0.7	0.7	5.3

从表27来看，虽然不论婚姻状况如何，被调查女性利用闲暇时间充电学习的比例均较高，但相对于未婚女性而言，已婚、离异或丧偶的被调查女性将更多闲暇时间用于陪孩子、照顾老人。且在未婚的被调查女性中，闲暇时间“刷视频/打游戏/追剧等娱乐活动”的比例较高，接近50.0%。为身处家庭中的女性提供更为友好的发展环境，围绕家庭教育、家务劳动、家庭照护等制定更为友好的家庭政策，也是人们应该关注的一个问题。

表 27　不同婚姻状况被调查女性的闲暇活动比较

单位：%

活动	已婚	未婚	离异或丧偶
陪孩子、亲子阅读	59.5	7.9	41.1
温暖陪伴、照顾老人	39.7	26.8	36.3
参加公益活动，社区值守，做巾帼志愿者	24.9	19.1	18.4
充电学习，阅读/学习/上网课等	47.6	65.1	52.1
各地文化体验游、特色旅游	25.9	32.6	25.8
刷视频/打游戏/追剧等娱乐活动	23.3	49.0	19.5
"云逛街"，线上团购、拼单等"云消费"	22.1	36.4	24.2
培养兴趣爱好，在线看展、逛博物馆等休闲文化活动	23.0	28.0	21.6
与家人朋友在社交软件上互动，参加社群活动	15.5	21.2	13.2
锻炼健身、美容养生等	31.6	23.1	43.7
其他	0.6	0.8	1.1

（三）压力增加，来源因素多样

调查结果显示，被调查女性面临的最大压力是"担心自己和家人健康"（42.2%），可见，受疫情影响，健康已经成为人们最为关注的话题之一。其次是担心长时间的居家隔离导致工作、学业受影响，在知识快速更新的时代不能与时俱进，或突发事件带来经济压力。被调查女性选择"知识更新速度快，本领恐慌"（39.0%）；"因为疫情，学业、工作受影响"（34.4%）；"生活中不确定性增加，情绪不稳定"（33.6%）；"突发事件带来经济压力"（31.3%）的比例均超过了三成（见表28）。

此外，家庭责任以及工作与家庭之间的平衡问题，也是被调查女性面临的重要压力。具体而言，"工作和家庭难以平衡"

（31.1%）“照料家人负担重（包括照料老人、小孩、病人等）”（21.5%）；“因陪娃写作业、上网课、打卡等而焦虑”（19.6%）；“长时间宅家，家庭矛盾增加，婚姻情感出现危机”（10.5%）的比例都超过10.0%。而认为自己没有压力的被调查女性不到一成。调查数据显示，仅有8.8%的被调查女性认为自己“没什么压力，生活轻松自在”。

表28　被调查女性目前面临的压力

单位：人次，%

压力	频率	个案百分比	排序
因为疫情，学业、工作受影响	1773	34.4	3
知识更新速度快，本领恐慌	2012	39.0	2
工作和家庭难以平衡	1602	31.1	6
长时间宅家，家庭矛盾增加，婚姻情感出现危机	539	10.5	9
因陪娃写作业、上网课、打卡等而焦虑	1009	19.6	8
生活中不确定性增加，情绪不稳定	1732	33.6	4
担心自己和家人健康	2174	42.2	1
突发事件带来经济压力	1615	31.3	5
照料家人（包括老人、小孩、病人等）负担重	1106	21.5	7
没什么压力，生活轻松自在	451	8.8	10
其他	38	0.7	
总　计	14051	272.7	

从表29可以看出，年龄越小，被调查女性选择“因为疫情，学业、工作受影响”的比例越大，表明疫情对学习和工作的影响较大，且给被调查女性带来了较大压力。虽然对于不同年龄段的女性而言，“担心自己和家人健康”这一选项的比例都较高，但随着年龄增加，选择该选项的比例呈现上升趋势，即越年长对健康越关注。

表 29　不同年龄被调查女性目前面临压力的比较

单位：%

压力	18～25 岁	26～30 岁	31～35 岁	36～40 岁	41～45 岁	46～50 岁	51～55 岁	55 岁以上
因为疫情，学业、工作受影响	61.0	35.6	30.1	26.1	22.5	22.9	21.1	11.3
知识更新速度快，本领恐慌	35.5	40.9	40.4	40.3	39.4	41.6	37.8	21.8
工作和家庭难以平衡	17.3	31.3	38.5	42.2	34.2	25.4	26.5	16.9
长时间宅家，家庭矛盾增加，婚姻情感出现危机	11.9	13.3	13.7	7.9	6.4	5.7	4.9	4.8
因陪娃写作业、上网课、打卡等而焦虑	5.3	14.8	27.5	38.8	25.2	11.3	5.9	11.3
生活中不确定性增加，情绪不稳定	35.3	36.4	33.8	30.7	33.2	32.3	27.6	26.6
担心自己和家人健康	33.6	38.2	39.4	44.7	51.1	54.2	57.3	56.5
突发事件带来经济压力	28.9	34.6	30.1	30.0	33.4	33.5	25.9	32.3
照料家人（包括老人、小孩、病人等）负担重	9.8	16.9	22.2	28.3	26.2	31.5	34.6	32.3
没什么压力，生活轻松自在	7.0	6.7	7.1	8.0	7.8	13.5	20.0	29.0
其他	0.8	0.5	1.1	0.6	0.2	0.2	1.1	3.2

表 30 反映了受教育程度不同的被调查女性目前面临压力的情况。其中，大学专科及以下学历被调查女性最大压力是担心自己和家人健康，初中及以下学历被调查女性比例高达 51.6%；大学本科及以上学历被调查女性面临的最大压力则是“知识更新速度快，本领恐慌”。

表 30　不同受教育程度被调查女性目前面临压力的比较

单位：%

压力	初中及以下	高中/中专/技校	大学专科	大学本科	硕士研究生	博士研究生
因为疫情，学业、工作受影响	34.9	38.2	35.5	33.0	33.1	39.5
知识更新速度快，本领恐慌	22.7	30.3	38.0	43.7	45.6	39.5
工作和家庭难以平衡	26.8	28.1	29.0	33.1	33.3	26.3

续表

压力	初中及以下	高中/中专/技校	大学专科	大学本科	硕士研究生	博士研究生
长时间宅家,家庭矛盾增加,婚姻情感出现危机	11.4	12.1	12.8	9.4	7.3	13.2
因陪娃写作业、上网课、打卡等而焦虑	24.9	21.3	19.3	18.3	18.4	15.8
生活中不确定性增加,情绪不稳定	32.7	30.2	36.8	34.4	30.5	15.8
担心自己和家人健康	51.6	42.5	41.3	41.9	38.1	31.6
突发事件带来经济压力	38.4	31.2	35.6	30.6	20.1	18.4
照料家人(包括老人、小孩、病人等)负担重	28.4	24.6	19.9	20.8	16.5	18.4
没什么压力,生活轻松自在	7.8	10.1	9.3	8.6	6.4	7.9
其他	1.1	0.2	0.8	0.7	1.2	2.6

从表31可以看出不同婚姻状况被调查女性面临的压力有明显差异。已婚、离异或丧偶被调查女性面临的主要压力是担心自己和家人健康；未婚被调查女性的压力则是因为疫情，学业、工作受到较大影响；对于离异或丧偶的被调查女性而言，突发事件还可能带来经济压力。

通过对女性压力状况的考察，我们发现与其他领域一样，受教育程度与婚姻状态影响了城市女性在疫情期间的心理状态，如何帮助妇女摆脱疫情影响，是需要综合考量的问题。

表31　不同婚姻状况被调查女性目前面临压力的比较

单位：%

压力	已婚	未婚	离异或丧偶
因为疫情,学业、工作受影响	27.1	54.0	25.3
知识更新速度快,本领恐慌	38.0	41.2	40.5
工作和家庭难以平衡	37.6	14.9	30.0

续表

压力	已婚	未婚	离异或丧偶
长时间宅家,家庭矛盾增加,婚姻情感出现危机	11.3	8.8	8.4
因陪娃写作业、上网课、打卡等而焦虑	26.0	3.2	22.6
生活中不确定性增加,情绪不稳定	30.7	39.7	42.1
担心自己和家人健康	44.1	37.5	43.2
突发事件带来经济压力	29.7	33.4	45.8
照料家人(包括老人、小孩、病人等)负担重	26.5	8.3	25.3
没什么压力,生活轻松自在	8.9	7.9	11.1
其他	0.7	0.7	1.1

(四)坦然应对，将压力转化为动力

面对目前生活中的各种压力，女性会通过哪些方式进行调节呢?数据显示，被调查女性通过培养兴趣爱好、转移注意力和宣泄情绪等方式调节压力的比例最高。例如，“培养兴趣爱好，找到适合自己的排遣渠道，保持自洽”(60.9%);“听音乐、看电影、看书，转移注意力”(58.2%);“跟家人、闺密等亲朋倾诉，宣泄情绪、分享经验”(55.4%)，以上比例均超过五成(见表32)。

其次是通过远离负面信息，以积极应变的方式调节压力。其中，被调查女性选择“尽量避免接收负面信息，远离负能量的人”和“学会与压力共存，凡事努力向好，积极应变，危机中育新机”的比例分别为47.4%和47.0%，均接近一半。

还有是通过娱乐消遣、社群分享或心理咨询的方式进行调节。从选择情况来看，被调查女性选择“追剧、刷抖音等，在网上消磨”的比例为27.5%;选择“在各类社交社群、微信群中分享交流解决”的比例为12.5%;选择“打心理热线，听线上心理课，寻找专业心理咨询师或机构帮助”的比例为10.4%。

表 32　面对压力，被调查女性的调节方式

单位：人次，%

方式	频率	个案百分比	排序
跟家人、闺密等亲朋倾诉，宣泄情绪、分享经验	2854	55.4	3
尽量避免接收负面信息，远离负能量的人	2442	47.4	4
培养兴趣爱好，找到适合自己的排遣渠道，保持自洽	3138	60.9	1
听音乐、看电影、看书，转移注意力	2998	58.2	2
打心理热线，听线上心理课，寻找专业心理咨询师或机构帮助	535	10.4	8
学会与压力共存，凡事努力向好，积极应变，危机中育新机	2423	47.0	5
追剧、刷抖音等，在网上消磨	1414	27.5	6
在各类社交社群、微信群中分享交流解决	645	12.5	7
其他	37	0.7	
总计	16486	320.1	

通过梳理被调查女性填答在“其他”中的内容可以看出，压力具有双重性，过度的压力可能增加机体负担，对健康产生不利影响，而适当的压力却可以转化为自我完善的动力。被调查者通过创业、开展副业、专心工作、专心研究、注重职业发展等方式，直面压力，积极应对。因为“彩虹和风雨共生，机遇和挑战并存，这是亘古不变的辩证法则”，只有学会与压力共存，才能在危机中孕育出新的机遇。还有一部分被调查者跳出“小我”，投身公益事业，是通过“忙于公益事业没时间烦恼”“帮助他人，快乐自己”的方式来释放压力的，不仅改善了他人处境，也使助人者的自我价值得到实现，无疑会让人获得更积极的体验。

对于不同年龄的被调查女性而言，听音乐、看电影、看书，转移注意力都是面对压力时被较多使用的调节方式。但不同年龄之间，调节方式也存在差异。例如，30 岁以下的被调查女性在面临压力时，更多采用“跟家人、闺密等亲朋倾诉，宣泄情绪、分享经验”的方式调节压力；而30岁以上的被调查女性则更多采用“培养兴趣爱好，找到适合自己的排遣渠道，保持自洽”的方式调节压力（见表33）。

表33　面对压力，不同年龄被调查女性的调节方式比较

单位：%

方式	18～25岁	26～30岁	31～35岁	36～40岁	41～45岁	46～50岁	51～55岁	55岁以上
跟家人、闺密等亲朋倾诉，宣泄情绪、分享经验	63.5	58.5	56.4	52.6	52.2	40.4	49.7	48.4
尽量避免接收负面信息，远离负能量的人	37.1	43.5	46.6	49.4	54.6	60.3	63.2	64.5
培养兴趣爱好，找到适合自己的排遣渠道，保持自洽	55.8	54.7	58.0	65.3	68.0	71.4	70.8	71.8
听音乐、看电影、看书，转移注意力	62.2	58.1	55.6	59.7	59.8	55.4	50.8	58.1
打心理热线，听线上心理课，寻找专业心理咨询师或机构帮助	8.4	13.2	11.9	9.1	7.8	10.3	11.9	4.8
学会与压力共存，凡事努力向好，积极应变，危机中育新机	37.1	38.5	45.8	54.5	56.7	60.1	67.0	51.6
追剧、刷抖音等，在网上消磨	36.2	31.8	28.6	24.4	18.8	15.0	13.0	21.0
在各类社交社群、微信群中分享交流解决	9.2	11.8	11.5	13.9	10.9	16.3	19.5	29.8
其他	0.5	0.3	0.9	1.0	0.4	1.0	0.5	3.2

对于不同受教育程度的被调查女性而言，调节压力的方式也存在明显差异。例如，随着受教育程度的提升，选择通过“跟家人、闺密等亲朋倾诉，宣泄情绪、分享经验”方式调节压力的比例几乎呈逐渐上升的趋势；而选择采用“尽量避免接收负面信息，远离负能量的人”方式调节压力的比例则呈现逐渐下降的趋势，表

明随着受教育程度的提升，女性越能够主动疏导情绪、直面压力（见表34）。

表34　面对压力，不同受教育程度被调查女性的调节方式比较

单位：%

方式	初中及以下	高中/中专/技校	大学专科	大学本科	硕士研究生	博士研究生
跟家人、闺密等亲朋倾诉，宣泄情绪、分享经验	44.3	44.8	54.4	60.5	59.3	62.2
尽量避免接收负面信息，远离负能量的人	52.7	51.7	46.1	46.6	43.5	37.8
培养兴趣爱好，找到适合自己的排遣渠道，保持自洽	60.0	60.0	58.7	62.3	59.6	56.8
听音乐、看电影、看书，转移注意力	52.7	55.5	59.7	60.0	56.5	48.6
打心理热线，听线上心理课，寻找专业心理咨询师或机构帮助	9.2	11.6	11.2	10.1	8.7	13.5
学会与压力共存，凡事努力向好，积极应变，危机中育新机	45.7	43.9	41.6	50.2	48.2	48.6
追剧、刷抖音等，在网上消磨	29.2	25.1	29.7	27.4	25.8	13.5
在各类社交社群、微信群中分享交流解决	14.9	14.8	11.8	11.9	11.8	8.1
其他	0.0	0.7	1.3	0.5	0.9	5.4

从婚姻状况来看，已婚被调查女性调节压力的主要方式是“培养兴趣爱好，找到适合自己的排遣渠道，保持自洽”（63.1%）；未婚被调查女性在面对压力时，选择的主要调节方式是“听音乐、看电影、看书，转移注意力”（64.1%）和“跟家人、闺密等亲朋倾诉，宣泄情绪、分享经验”（59.8%）；离异或丧偶被调查女性则主要采用“培养兴趣爱好，找到适合自己的排遣渠道，保持自洽”

（61.1%）和“听音乐、看电影、看书，转移注意力”（60.0%）调节压力（见表35）。

表35　面对压力，不同婚姻状况被调查女性的调节方式比较

单位：%

方式	已婚	未婚	离异或丧偶
跟家人、闺密等亲朋倾诉，宣泄情绪、分享经验	54.3	59.8	46.3
尽量避免接收负面信息，远离负能量的人	50.3	39.7	53.2
培养兴趣爱好，找到适合自己的排遣渠道，保持自洽	63.1	55.0	61.1
听音乐、看电影、看书，转移注意力	55.9	64.1	60.0
打心理热线，听线上心理课，寻找专业心理咨询师或机构帮助	11.9	7.0	7.9
学会与压力共存，凡事努力向好，积极应变，危机中育新机	50.3	38.0	52.1
追剧、刷抖音等，在网上消磨	24.2	36.3	18.4
在各类社交社群、微信群中分享交流解决	13.6	10.0	13.2
其他	0.8	0.4	1.1

四　家庭家教家风：独特作用显著

充分发挥妇女在家庭家教家风中的独特作用，是新时代家庭建设的重要议题，也是妇女和家庭参与基层社会治理的重要环节。

（一）在家庭生活中发挥独特作用

调查结果显示，女性在家庭生活的方方面面都发挥着重要作用。尤其是疫情期间，女性积极参与疫情防控，被调查女性在家庭环境清洁消毒、守护家人健康方面表现突出，选择“守护家人健康，注重疫情防控”的比例达到63.2%，居第一位。

其次，女性在建设好家庭、涵养好家教、培育好家风方面发挥了重要作用。数据显示，被调查女性选择“培育好家风，涵养好家教”（49.8%）、“与伴侣共担家庭责任，分担家务，平等和谐”（48.7%）、“践行绿色生活方式，督促家人进行垃圾分类等”（40.6%）的比例均超过四成。

此外，女性在提高家庭生活品质、主导家庭消费、提供家庭收入来源方面也扮演着重要角色。从调查数据可以发现，被调查女性认为自己在“做智慧女主人，提高生活品质”方面发挥独特作用的，占35.5%；在“主导家庭消费，合理安排家庭开支和休闲生活”方面发挥独特作用的占33.4%；选择“职场打拼、赚钱养家，收入是家庭重要经济来源”的占27.6%，表明女性不仅广泛参与社会经济生活，而且在家庭中的经济贡献越来越大（见表36）。

表36　被调查女性在家庭生活中的独特作用

单位：人次，%

作用	频率	个案百分比	排序
培育好家风，涵养好家教	2564	49.8	2
与伴侣共担家庭责任，分担家务，平等和谐	2507	48.7	3
守护家人健康，注重疫情防控	3255	63.2	1
践行绿色生活方式，督促家人进行垃圾分类等	2094	40.6	4
职场打拼、赚钱养家，收入是家庭重要经济来源	1420	27.6	7
主导家庭消费，合理安排家庭开支和休闲生活	1723	33.4	6
做智慧女主人，提高生活品质	1827	35.5	5
其他	69	1.3	
总　计	15459	300.0	

通过梳理被调查女性在“其他”中填答的内容可以看出，被调查者在调解家庭矛盾中也扮演着重要的角色。除此之外，一些特殊家

庭，如离异家庭的女性一肩承担家庭重担，“离异，一个人承担所有责任”，“离婚后教育好两个孩子，照顾好父母!”的自述，表明她们在面临子女教育、老人赡养等多重压力时，发挥了重要的作用。结合前文提到的女性因为单身生育或是离异独自承担照顾子女的责任，以及女性面临的压力，再次表明这一群体的生活状态应引起社会的关注，需要为她们提供更多的支持。

从年龄分布来看，随着年龄增加，被调查女性在“培育好家风，涵养好家教”“与伴侣共担家庭责任，分担家务，平等和谐”等家庭生活方面发挥独特作用的比例越来越高。26 岁以上被调查女性在“守护家人健康，注重疫情防控”“践行绿色生活方式，督促家人进行垃圾分类等”方面，呈现随年龄递增选择比例递增的趋势（见表 37）。

表 37　不同年龄被调查女性在家庭生活中的独特作用比较

单位：%

作用	18～25岁	26～30岁	31～35岁	36～40岁	41～45岁	46～50岁	51～55岁	55岁以上
培育好家风，涵养好家教	40.8	40.6	48.4	56.2	58.4	62.1	69.7	71.8
与伴侣共担家庭责任，分担家务，平等和谐	27.0	45.5	54.4	59.1	56.7	56.2	57.3	62.9
守护家人健康，注重疫情防控	62.0	58.3	56.3	62.8	72.4	73.6	76.8	83.9
践行绿色生活方式，督促家人进行垃圾分类等	47.9	36.2	36.3	37.5	40.6	43.3	53.5	54.8
职场打拼、赚钱养家，收入是家庭重要经济来源	20.5	33.8	32.1	32.2	22.7	22.2	21.6	7.3
主导家庭消费，合理安排家庭开支和休闲生活	22.9	30.0	38.7	37.1	40.2	40.1	33.0	32.3
做智慧女主人，提高生活品质	20.8	28.1	32.8	42.8	44.1	52.2	56.8	63.7
其他	2.5	1.3	0.9	0.9	0.8	1.0	1.1	2.4

从受教育程度来看，被调查女性学历越高，在“职场打拼、赚钱养家，收入是家庭重要经济来源”方面发挥独特作用的比例越高，这表明受教育水平的提高有利于提升女性在家庭中的经济地位（见表38）。

表38　不同受教育程度被调查女性在家庭生活中的独特作用比较

单位：%

作用	初中及以下	高中/中专/技校	大学专科	大学本科	硕士研究生	博士研究生
培育好家风，涵养好家教	53.8	46.1	45.9	51.5	51.5	63.2
与伴侣共担家庭责任，分担家务，平等和谐	55.9	51.0	48.9	47.3	44.9	39.5
守护家人健康，注重疫情防控	68.9	66.2	63.2	62.7	53.9	65.8
践行绿色生活方式，督促家人进行垃圾分类等	38.1	39.9	42.2	42.2	33.1	34.2
职场打拼、赚钱养家，收入是家庭重要经济来源	19.2	22.4	29.4	29.2	30.7	34.2
主导家庭消费，合理安排家庭开支和休闲生活	32.4	33.0	33.3	33.2	36.9	28.9
做智慧女主人，提高生活品质	37.8	35.8	33.3	34.6	40.9	26.3
其他	1.9	1.2	1.3	1.2	1.9	2.6

从表39可以看出，不论是否已婚，被调查女性在“守护家人健康，注重疫情防控”方面都发挥着独特作用，比例均超过60.0%。此外，已婚被调查女性选择“与伴侣共担家庭责任，分担家务，平等和谐”的比例也超过了60.0%，表明被调查女性在促进家庭的平等和谐方面发挥着重要作用。

表 39 不同婚姻状况被调查女性在家庭生活中的独特作用比较

单位：%

作用	已婚	未婚	离异或丧偶
培育好家风，涵养好家教	55.3	36.7	46.3
与伴侣共担家庭责任，分担家务，平等和谐	62.2	20.4	10.5
守护家人健康，注重疫情防控	62.4	65.0	62.6
践行绿色生活方式，督促家人进行垃圾分类等	40.6	41.8	35.3
职场打拼、赚钱养家，收入是家庭重要经济来源	28.1	24.9	39.5
主导家庭消费，合理安排家庭开支和休闲生活	37.4	22.9	39.5
做智慧女主人，提高生活品质	39.4	23.8	43.2
其他	0.7	2.6	4.2

（二）家庭教育中重视子女身心健康

家庭教育从来不只是家庭问题，也是需要广泛关注的社会议题。调查结果显示，被调查女性在教育孩子时更注重以下几方面："立德树人，让孩子立志向、修品行、练本领"（76.4%）；"体育锻炼，关注孩子身体和心理的健康成长"（66.1%）；"提升孩子应对挫折和应急避险等生存能力"（56.3%）；"劳动教育，培养孩子正确劳动价值观和良好劳动品质"（53.8%）。以上选项比例均超过五成，其中认为德育教育更重要的接近八成。培养什么人，是教育的首要问题。2020 年 10 月 17 日通过的《中华人民共和国未成年人保护法》中明确提出：要促进未成年人德智体美劳全面发展，培养有理想、有道德、有文化、有纪律的社会主义建设者和接班人，培养担当民族复兴大任的时代新人。而在德智体美劳中，德育应始终处于核心位置，其他 4 个方面相辅相成。疫情也让家长们更加重视健康和安全教育。

其次，被调查女性认为法律意识的培养、阅读习惯的养成同样重要。其中，被调查女性选择“未成年人法律意识，性别教育、自我保护、安全防范等”的比例达到47.5%，她们认为家庭应对未成年人进行法治教育，培养未成年人的法律意识；同时，应该推广性别教育，让孩子学会自我保护，进行一定的安全防范教育等。数据显示，被调查女性选择“培养孩子阅读习惯，让孩子爱读书、勤读书、读好书、善读书”的比例也达到了46.8%，即有接近一半的被调查女性赞同要培养孩子良好的阅读习惯。

再次，“和孩子建立良好关系，注重家庭氛围营造”（29.7%），“热爱自然，培养孩子绿色生活理念”（16.0%），“增强美育熏陶，培育孩子兴趣爱好”（13.4%）也都是被调查女性认为应该重视的方面。良好的亲子关系是家庭教育成功的关键，注重家庭氛围的营造，和孩子建立良好关系有助于家庭教育的开展。绿色生活理念、美育教育是家庭教育的重要内容，对塑造美好心灵具有重要作用。

从调查数据还可以看出，被调查女性已经深刻认识到全面发展的重要性，以往单一重视智育而轻视德体美劳的现象不再普遍。从选项结果来看，选择“首先抓好孩子的学习成绩”的比例最低，仅为5.2%（见表40）。

表40　被调查女性更注重的子女教育方向

单位：人次，%

教育	频率	个案百分比	排序
立德树人，让孩子立志向、修品行、练本领	3935	76.4	1
劳动教育，培养孩子正确劳动价值观和良好劳动品质	2773	53.8	4
体育锻炼，关注孩子身体和心理的健康成长	3407	66.1	2
提升孩子应对挫折和应急避险等生存能力	2899	56.3	3

续表

教育	频率	个案百分比	排序
未成年人法律意识,性别教育、自我保护、安全防范等	2449	47.5	5
培养孩子阅读习惯,让孩子爱读书、勤读书、读好书、善读书	2411	46.8	6
增强美育熏陶,培育孩子兴趣爱好	693	13.4	9
热爱自然,培养孩子绿色生活理念	823	16.0	8
首先抓好孩子的学习成绩	267	5.2	10
和孩子建立良好关系,注重家庭氛围营造	1528	29.7	7
其他	60	1.2	
总　计	21245	412.3	

（三）疫情成为家庭关系的“放大器”

经过新冠肺炎疫情，被调查女性的家庭关系发生了较大变化。一方面，疫情让家人关系更加紧密，幸福感增强，家庭成员之间有了更深厚的情谊，对彼此、对家庭有了更深刻的认识。例如，“家人相互鼓励共渡难关，患难见真情”（58.8%）；“‘宅’让家庭成为生活的核心，幸福感增强”（45.1%）；“夫妻之间越发亲密，深层交流增多了”（30.4%）；“两个人一起陪娃，感觉不是一个人在战斗了”（27.1%）。

另一方面，新冠肺炎疫情给家庭关系带来了新的挑战。疫情让不少女性“深感经营家庭能力不足，需要指导和提高”（23.0%）。而且，因为疫情期间长时间居家隔离，被调查女性感到“家庭琐事放大，家人（夫妻、婆媳）关系紧张难以忍受”（10.7%）；“夫妻每天抬头不见低头见，‘审美疲劳’了”（9.5%）；“疫情让原本婚姻问题雪上加霜，离婚了”（1.6%）（见表41）。

表 41　疫情给被调查女性家庭关系带来的变化

单位：人次，%

变化	频率	个案百分比	排序
“宅”让家庭成为生活的核心，幸福感增强	2326	45. 1	2
家人相互鼓励共渡难关，患难见真情	3029	58. 8	1
夫妻之间越发亲密，深层交流增多了	1566	30. 4	3
两个人一起陪娃，感觉不是一个人在战斗了	1397	27. 1	4
夫妻每天抬头不见低头见，“审美疲劳”了	490	9. 5	7
家庭琐事放大，家人（夫妻、婆媳）关系紧张难以忍受	553	10. 7	6
深感经营家庭能力不足，需要指导和提高	1187	23. 0	5
疫情让原本婚姻问题雪上加霜，离婚了	85	1. 6	8
其他	178	3. 5	
总　计	10811	209. 8	

通过梳理被调查女性在“其他”中填答的内容可以看出，很多人在这场没有硝烟的战争中舍弃小家团聚，为了更多人的团圆。有的夫妻双双“都在一线”“疫情期间坚守岗位为人民服务，很少有时间关注家庭”。他们每个人都尽己所能以爱之名、齐心抗疫，激荡起向上向善的力量。

（四）家庭服务需求覆盖面广

家庭服务面向的是家庭，但女性因在家庭中承担了更多责任，对家庭服务的需求有更直观和更真实的理解。被调查女性和家人急需的家庭服务，比例从高到低依次是：“家庭建设、婚恋情感、亲子教育等方面的指导”（40. 2%）；“便利购物、家庭用品配送等社区生活服务”（37. 0%）；“个性化、高质量的家政服务”（35. 7%）；“家庭医生、社区医院等公共卫生服务”（28. 3%）；“疫后心理关爱、心理健康服务、就业指导和帮扶”（27. 6%）；“老人看护和精神陪伴”

(25.4%)；“0~3岁孩子托管和照料”(15.9%)；“对困难妇女和困境家庭的帮扶和服务”(13.5%)；“家庭纠纷调解，法律咨询服务”(11.9%)(见表42)。

表42 被调查女性和家人急需的家庭服务

单位：人次，%

家庭服务	频率	个案百分比	排序
个性化、高质量的家政服务	1841	35.7	3
0~3岁孩子托管和照料	820	15.9	7
家庭建设、婚恋情感、亲子教育等方面的指导	2072	40.2	1
便利购物、家庭用品配送等社区生活服务	1908	37.0	2
疫后心理关爱、心理健康服务、就业指导和帮扶	1420	27.6	5
家庭纠纷调解，法律咨询服务	611	11.9	9
家庭医生、社区医院等公共卫生服务	1460	28.3	4
老人看护和精神陪伴	1307	25.4	6
对困难妇女和困境家庭的帮扶和服务	698	13.5	8
其他	115	2.2	
总　计	12252	237.8	

归纳被调查女性急需的家庭服务主要可分为如下几类。第一类是婚姻家庭咨询类服务。因为疫情家人长时间近距离相处，家庭琐事被放大，家庭成员之间可能出现关系紧张，甚至出现家庭矛盾和冲突。因此希望相关部门提供婚恋情感、亲子教育等方面的指导，提供家庭纠纷调解、法律咨询服务，以帮助家庭建立相亲相爱的家庭关系。

第二类是生活服务，包括便利的社区生活环境，家庭医生、社区医院等公共卫生服务，就业指导和帮扶服务等；尤其是涉及“一老一小”的家庭服务，如学龄儿童托管服务，被调查女性希望尽快完善“能托管孩子，帮助辅导家庭作业的机构”“小学生免费课业辅导”“学龄前儿童及小学阶段孩子的看护、教育”。

第三类是环境方面的服务，既包括自然环境方面也包括社会文化环境方面的服务。有些被调查女性希望社区对垃圾处理更精细化，提倡节约用水；希望可以抵制各种针对中老年及退休人群的保健品会销、传销、借旅游团讲座等形式恶性销售高价保健品等行为。

第四类是对困难妇女和困境家庭的帮扶和服务。如何强化社会服务，关心贫困妇女、老龄妇女、残疾妇女等困难群体，为她们做好事、解难事、办实事，增强她们的获得感、幸福感、安全感，是需要关注的问题。

五　获得感幸福感安全感：总体水平较高

2019～2020年，被调查女性生活质量总体评价涉及身心健康满意度、幸福感、工作满意度、收入满意度、居住环境满意度、家庭生活满意度等6个方面。总分为10分。通过加权计算，女性生活质量满意度总体评价分值为7.7分，高于2018年的6.7分和2017年的7.5分，为近年来的最高值（见表43）。

表43　被调查女性的总体生活满意度

单位：分

年份	身心健康满意度	幸福感	工作满意度	收入满意度	居住环境满意度	家庭生活满意度	加权后总分值
2019～2020	8.0	8.1	7.6	6.8	7.7	7.9	7.7
2018	7.0	7.2	6.3	6.0	6.5	7.0	6.7
2017	7.9	—	7.6	6.8	7.5	7.6	7.5

注：生活质量总体评价指数计算方法：①计算出每一项满意度的平均分值，相加得到平均分值总和；②用每一项满意度的平均分值除以平均分值总和，计算出每一项满意度的权重；③将各项满意度的平均分值与权重相乘，再相加，求总和，即生活质量总体评价指数。

（一）被调查女性满意度和幸福感评分较高

在本次调查中，被调查女性对自己一年多来的身心健康评分为8.0分，对自身幸福感评分为8.1分，整体水平都较高。

1. 被调查女性的身心健康满意度

40岁以下被调查女性的身心健康满意度均低于，8.0分。而40~44岁、45~49岁、50~54岁和55岁及以上被调查女性的身心健康满意度分值均高于8.0分，分别为8.2分、8.3分、8.3分和8.8分（见表44）。

表44　不同年龄被调查女性的身心健康满意度比较

单位：分

年龄分段	均值	年龄分段	均值
18~24岁	7.9	40~44岁	8.2
25~29岁	7.9	45~49岁	8.3
30~34岁	7.9	50~54岁	8.3
35~39岁	7.9	55岁及以上	8.8
总　计	8.0		

2. 被调查女性幸福感年龄差异明显

调查数据显示，40~44岁、45~49岁、50~54岁和55岁及以上被调查女性的幸福感分值依次走高，分别为8.3分、8.3分、8.5分和8.9分（见表45）。

对比被调查女性的身心健康满意度和幸福感可以发现，40岁以下女性的满意度偏低，其原因可能在于该年龄段的女性正面临事业发展与家庭责任的两难境地。不论是养老育小，还是职业发展，都需要付出更多的时间和精力，影响了女性身心健康和对幸福的主观感受和评价。

表 45　不同年龄被调查女性的幸福感比较

单位：分

年龄分段	均值	年龄分段	均值
18 ~ 24 岁	80	40 ~ 44 岁	8. 3
25 ~ 29 岁	7. 9	45 ~ 49 岁	8. 3
30 ~ 34 岁	7. 9	50 ~ 54 岁	8. 5
35 ~ 39 岁	8. 0	55 岁及以上	8. 9
总　计	8. 1		

调查结果显示，被调查女性的幸福感和收入水平之间没有直接关系。随着个人收入增加，被调查女性的幸福感分值没有显著增加。从没有个人收入到有收入，被调查女性的幸福感分值有明显提升，从7. 7 分增加到8. 1 分；从有收入到高收入，被调查女性的幸福感分值未见明显上升（见表46）。这表明，相对于收入的多少，有没有收入对于女性的幸福感影响更大。

表 46　不同个人收入被调查女性的幸福感比较

单位：分

个人收入	均值	个人收入	均值
3 万元以下	8. 1	12 万(不含) ~ 18 万元	8. 1
3 万 ~ 6 万元	8. 1	18 万元以上	8. 1
6 万(不含) ~ 12 万元	8. 1	没有个人收入	7. 7
总　计	8. 1		

随着家庭收入增加，被调查女性的幸福感分值没有显著增加。调查数据显示，从家庭年收入在 6 万以下到 12 万（不含） ~ 18 万元，被调查女性的幸福感分值有较大提升，从 7. 9 分增加到 8. 2 分；家庭收入在 18 万元以上，被调查女性的幸福感分值则未见明显提升（见表 47）。

表 47　不同家庭收入被调查女性的幸福感比较

单位：分

家庭收入	均值	家庭收入	均值
6 万元以下	7.9	24 万(不含) ~30 万元	8.2
6 万 ~12 万元	8.0	30 万(不含) ~36 万元	8.2
12 万(不含) ~18 万元	8.2	36 万元以上	8.2
18 万(不含) ~24 万元	8.1	总　计	8.1

（二）被调查女性工作满意度中等偏上

在本次调查中，被调查女性对工作的满意度为7.6分，对个人及家庭收入的总体满意度为6.8分。

1. 被调查女性的工作满意度

从不同职业来看，农民/进城务工者工作满意度最高，为8.1分，表明虽然相对于其他工作而言，农民/进城务工者的工资收入、工作环境、福利待遇都不是最好的，但只要能实现人生价值，在自己的工作岗位上发光发热，她们对工作的满意度就相对较高。而全职在家的被调查女性工作满意度最低，为6.8分。这在某种程度上说明，虽然全职在家的女性不需要外出挣钱，但需要管理好家人的衣食起居，处理好家庭人际关系，本身也是一项高难度的工作，而且她们面临一系列特殊的挑战，如工作劳动得不到认可、无法量化价值、没有相应的报酬等，因此即使有女性“心甘情愿”在家，但有没有工作对女性的工作满意度影响更大。社区工作者、群团组织员工居其次，为8.0分；事业单位员工居第三位，为7.9分；社会组织和新媒体行业、网格员等新职业从业者也都超过7.0分（见表48），表明新时代女性不仅积极开拓新领域、涉足新业态，而且新阶层、新群体的妇女工作满意度较高。

表 48　不同职业被调查女性的工作满意度比较

单位：分

职业或职业领域	均值	职业	均值
党政机关	7.8	自主(网上)创业	7.6
群团组织	8.0	新媒体行业、网格员等新职业	7.2
事业单位	7.9	全职在家	6.8
国有企业	7.8	农民/进城务工	8.1
外资企业	7.7	在校读书	7.1
私营企业/民营企业	7.3	其他	7.6
社会组织	7.6	社区工作者	8.0
自由职业	7.6	退休人员	7.9
总　计	7.6		

工作满意度和收入水平存在一定相关性。从没有个人收入到个人年收入6万（不含）~12万元，随着收入增加，被调查女性的工作满意度呈上升趋势。而在12万元以上的被调查女性中，收入与工作满意度呈波动趋势，表明除了收入以外，工作类型、工作时间、工作地点、通勤时间等其他因素也对工作满意度有重要影响（见表49）。

表 49　不同收入被调查女性的工作满意度比较

单位：分

个人收入	均值	个人收入	均值
3万元以下	7.4	12万(不含)~18万元	7.7
3万~6万元	7.6	18万元以上	7.8
6万(不含)~12万元	7.8	没有个人收入	6.7
总　计	7.6		

2. 被调查女性收入满意度影响因素多元

收入满意度和被调查女性的个人收入和家庭收入的增加成正比。同时，根据数据可以发现，收入满意度不仅和被调查女性的个人收入和家庭收入状况相关，还受到其他因素的影响。从个人收入来看，个人年收入从3万元以下到6万（不含）~12万元，被调查女性的收入满意度从6.3分增加到了7.3分，表明从低收入跨越到中等收入，被调查女性的收入满意度有明显提高；而年收入从6万（不含）~12万元再到18万元以上，被调查女性的收入满意度仅从7.3分增加到了7.6分，表明相比于从低收入跨越到中等收入，从中等收入跨越到高收入带来的满意度增加程度较低（见表50）。

表50　不同个人收入被调查者的收入满意度比较

单位：分

个人收入	均值	个人收入	均值
3万元以下	6.3	12万(不含)~18万元	7.5
3万~6万元	6.8	18万元以上	7.6
6万(不含)~12万元	7.3	没有个人收入	5.9
总　计	6.8		

从家庭收入来看，从家庭年收入6万元以下到年收入12万（不含）~18万元，被调查女性的收入满意度从5.9分增加到了7.2分；而年收入从12万（不含）~18万元到36万元以上，被调查女性的收入满意度仅从7.2分增加到了7.7分（见表51）。同个人年收入一样，从低收入到中等收入带来的满意度增加，明显高于从中等收入到高收入带来的满意度增加。这表明，个人和家庭的收入满意度可能还受到消费、储蓄等其他因素的影响。

表 51　不同家庭收入被调查者的收入满意度比较

单位：分

家庭收入	均值	家庭收入	均值
6 万元以下	5.9	24 万(不含) ~30 万元	7.5
6 万 ~12 万元	6.7	30 万(不含) ~36 万元	7.6
12 万(不含) ~18 万元	7.2	36 万元以上	7.7
18 万(不含) ~24 万元	7.4	总　计	6.8

（三）被调查女性家庭满意度相对偏高

调查结果显示，被调查女性对包括住房条件、空气质量、园林绿化、垃圾分类、社区生活等各个方面的总体居住环境和家庭生活质量打分，对居住环境的满意度为7.7分，对家庭生活质量的评分为7.9分，满意度整体较高。

1. 被调查女性的居住环境满意度与婚育状态相关

结婚和生育与女性的居住环境满意度有正向关系。对比不同婚姻状况被调查女性的居住环境满意度可以发现，已婚女性的满意度最高，为7.8分；其次是离异或丧偶的女性，为7.3分；未婚女性的居住环境满意度最低，为7.3分。根据生育状况，有2个以上孩子的被调查女性的居住环境满意度最高，为8.1分；其次是有1个孩子和2个孩子的被调查女性，分别为7.8分和7.7分；没有孩子的被调查女性的居住环境满意度最低。

收入与女性的居住环境满意度呈倒“U”型关系。从个人年收入来看，没有个人收入的被调查女性的居住环境满意度最低，为7.2分；从没有收入到个人年收入3万元以下，居住环境满意度迅速提升至7.6分；从3万~18万元，被调查女性的居住环境满意度一直呈小幅上升趋势，年收入为12万（不含）~18万元的被调查女性的居住环境满意度为7.8分；但年收入到了18万元以上，被调查女性的居住环境满意度则下降为7.7分。从家庭年收入来看，趋势同样如此。从家庭年收入6万元以下到30万（不含）~36万元，被调查女性的居住满意度从7.5分持续缓慢增加到7.9分；而到了36万元以上，被调查女性的居住满意度则下降到7.8分。

2. 被调查女性家庭生活质量关联婚姻状态

已婚被调查女性对家庭生活质量的评分最高，为8.1分；未婚居其次，为7.6分；离异或丧偶被调查女性对家庭生活质量的评分分别为7.2分和7.5分（见表52）。

表52　不同婚姻状况被调查女性的家庭生活质量比较

单位：分

婚姻状况	已婚	未婚	离异	丧偶	总计
均值	8.1	7.6	7.2	7.5	7.9

有孩子的被调查女性对家庭生活质量的评分高于没有孩子的女性。其中，有2个以上孩子的被调查女性对家庭生活质量评分最高，为8.4分；其次是有1个或2个孩子的被调查女性，对家庭生活质量评分分别为8.1分和8.0分；没有孩子的被调查女性对家庭生活质量的评分最低，为7.6分（见表53）。虽然照料孩子需要付出大量的时间、精力，需要支出较高的经济成本，但从主观上而言，孩子为生活增添了乐趣，提升了妈妈们对家庭生活质量的满意度。

表53　孩子数量不同的被调查女性家庭生活质量比较

单位：分

孩子数量	1个	2个	2个以上	没有孩子	总计
均值	8.1	8.0	8.4	7.6	7.9

六　结论

（一）价值观念：政治站位高，大局意识强，将小我融入国家大局中

综合调查数据，被调查女性展示出政治站位高，不断增强“四个意识”，坚定“四个自信”，做到“两个维护”，以饱满的政治热情和高度负责的精神自觉践行职责使命，时刻听党话、永远跟党走的政治品质和昂扬向上、奋发进取的精神风貌。超过八成的被调查女性重视理论学习，注重提高思想政治素养；关心时政，通过全媒体了解时政大事。

超过九成的被调查女性从我做起，从家庭做起，积极参加抗击新冠肺炎疫情的人民战争；接近九成被调查女性认为一代人有一代人的担当，要把小我融入祖国的大我，更好地实现自己的人生价值。

（二）家庭关系：家人相互鼓励共渡难关，经受住了疫情大考

新冠肺炎疫情是一场突发公共卫生事件，波及范围广泛、影响深远。研究发现，疫情对家庭成员的心理和人际关系都有较大影响，主要包括居家隔离导致家庭成员之间产生矛盾、疫情期间儿童的心理建设和老年人心理健康状况等。妇女作为家庭的中坚力量，充分发挥“主心骨”作用，带领全家人平安地度过疫情，让家更有凝聚力。

疫情期间，广大妇女不仅做好自我保护，而且积极采取家庭防护措施，做防控疫情的榜样，共同应对疫情的大考。被调查女性超过六成认为自己在守护家人健康、注重疫情防控中发挥了重要作用。

被调查女性积极面对疫情带来的各种不便，力所能及地把家庭生活安排好，让家庭在正常轨道上运行。近六成被调查女性与家人相互鼓励共渡难关，认为患难见真情。疫情期间，“宅”让家庭成为生活

的核心，但通过调整心态，加强成员之间的心理建设，增强了家庭成员的幸福感：夫妻越发亲密，深层交流增多了；两个人一起陪娃，感觉不是一个人在战斗。

（三）家庭建设：重视家庭家教家风，注重子女全面发展

家庭是社会的基本细胞，是人生的第一个课堂，父母是孩子的第一任老师。人们的价值观不是与生俱来的，而是在家庭和社会环境的影响下逐渐形成的。家庭教育涉及孩子成长的方方面面，但最重要的是立德树人的教育。广大家庭重言传、重身教，教知识、育品德，帮助孩子扣好人生的第一粒扣子，迈好人生的第一个台阶。城市女性在注重家庭、注重家教、注重家风中发挥了重要作用，通过自己的言行，影响家庭成员，带动家人。在家庭教育领域，为了更好履行家庭教育的主体责任，近八成被调查女性认为要不断更新家庭教育观念，坚持立德树人导向，重视以身作则和言传身教，让孩子立志向、修品行、练本领，注重孩子的全面发展。一是注重带领孩子进行体育锻炼，关注孩子身体和心理的健康成长；二是注重提升孩子应对挫折和应急避险等生存能力；三是注重劳动教育，培养孩子正确的劳动价值观和良好的劳动品质；四是注重培养未成年人的法律意识，加强性别教育，以及自我保护、安全防范教育等；五是注重培养孩子的阅读习惯，让孩子爱读书、勤读书、读好书、善读书。

（四）职业选择：灵活就业比例较高，更倾向于稳定就业

经济社会发展中妇女发挥了半边天作用，发展要惠及包括妇女在内的全体人民，既要考虑国情、性别差异、妇女特殊需求，确保妇女平等分享发展成果，又要创新政策手段，激发妇女潜力，推动广大妇女投身经济社会发展。实践证明，推动妇女参加社会和经济活动，能有效提高妇女地位，也能极大提升社会生产力和经济活力。

突如其来的疫情，对经济社会发展带来了巨大考验，也让部分女性面临就业危机和窘境，更多人选择灵活就业缓解经济压力。经历疫情之后，60.0%的被调查女性选择“有稳定工作，倍感珍惜”。

广大女性通过自身努力，不断学习、自我突破，在经济、政治、文化、社会、生态等各个领域都有杰出的表现。新时代背景下，创新、创业已经成为一种趋势，广大女性充分利用政策、资金、项目、人才、导师等资源整合的服务平台，女性创业就业层次不断提高，对经济社会发展贡献不断提升。广大女性在“六稳”“六保”中尽显社会责任，在推动形成“双循环”发展新格局中展现巾帼力量。

（五）应对挑战：危机中育先机，充电学习不断进步

本次调查显示，城市女性在面临风险时，能从自身出发，强化机遇意识，充分调动身边的资源，不仅有能力、有信心战胜各种风险和挑战，还善于化危为机，积极为统筹疫情防控和经济社会发展做出自己的贡献。调查数据显示，有近1/5的被调查女性经此一疫，转变了就业观念，希望借机尝试新的选择；在工作之余兼职，搞副业、创业增收；超过1/10的被调查女性积极利用政策扶持自主创业；近7.0%的被调查女性利用互联网平台直播带货。

疫情让人们看到了更多的不确定性，在某种程度上也强化了女性的风险意识，让她们认识到当今社会知识更新速度快，竞争更加激烈。因此，即使在疫情期间，她们也坚持充电学习，通过阅读、自学、上网课等形式不断充实提升自己。

七　展望与建议：让性别平等落在实处

2020年10月1日，国家主席习近平在联合国纪念北京世界妇女大会25周年高级别会议上，再次向世界表明在性别平等与妇女发展上的

中国主张。在讲话中，习近平强调女性是人类文明的开创者、社会进步的推动者，尤其是在抗击新冠肺炎疫情期间，成千上万的中国女性，白衣执甲，逆行而上，以勇气和辛劳诠释了医者仁心，用担当和奉献换来了山河无恙。本次调查结果也显示，女性在社会生活和家庭生活的方方面面都发挥了独特作用。在个人方面，她们努力奋斗，想通过自己的努力拥有出彩人生；在家庭中，她们义无反顾承担起管理、照顾家庭的重任；在社会生活中，她们努力实现自身价值和人生理想，也提高了妇女的社会地位和家庭地位。她们将自我、家庭融入国家发展、民族进步与社会发展的进程。要做到习近平主席指出的那样，让性别平等成为全社会共同遵循的行为规范和价值标准，让女性真正实现依法行使民主权利，平等参与经济社会发展，平等享有改革发展的成果。本次调查表明，在推进性别平等上，我们还需要继续努力。

（一）提升女性应对不确定性的能力

新冠病毒对人类生活的影响超出人们的认知与想象。由于人们对它的传播路径与传播特点仍处于认识过程中，未来社会将进入疫情防控的常态，不确定性也成为人们生活的常态。

第一，要充分认识疫情对女性群体的影响。社会危机的影响从来都不是性别中立的，新冠肺炎疫情也不例外。从全球视野来看，联合国妇女署和联合国开发计划署发布的《从见解到行动：新冠疫情暴发后呈现的性别平等问题》中显示，新冠肺炎疫情将使 2019 ~ 2020 年全球妇女贫困率上升 9.1%；女性多受雇于受新冠肺炎疫情影响较大的行业，如住宿、食品、餐饮等，容易失去生计，其就业风险比男性高 19.0%；疫情也使社会再生产危机更加突出，居家隔离并未改变原有的家庭分工模式，女性依然承担了大量的无酬照料工作，甚至增加了更多的照料负担。

第二，要帮助女性摆脱疫情的影响。“帮助妇女摆脱疫情影响”

是基于疫情对包括广大妇女在内的人类社会发展形成挑战的积极的社会政策。坚持“人民至上、生命至上”的发展思想，减轻疫情对各行各业女性的影响。一是关心关怀身处防疫战疫前线的广大女性医务人员、疾控人员、科技人员、社区工作者、志愿者等女性特定社会群体，帮助其解决后顾之忧，并通过各种途径宣传女性战疫事迹，展示女性价值、力量和作为。二是将性别视角纳入公共卫生和复工复产计划，确保妇女的健康权益、就业权益等合法权益得到有效保障，尤其关注农民/进城务工者、自由职业者、新媒体行业、网格员等新职业从业女性的就业权益。三是为特殊人群和困难群体提供有效的社会服务，优先满足孕产妇和儿童的特殊需求，格外关心贫困妇女、老龄妇女和残疾妇女等困难群体。

第三，要关注女性心理健康，增强她们应对风险和危机的能力。在经过重大疫情之后，每个人都会拥有一些深刻的体验和感受。经历本次疫情的人会在未来的生活与工作中出现积极的心理变化，更多人感受到人民至上、生命至上的理念，看到了国家集中力量办大事的决心和能力，意识到健康的重要性、家庭在人生中的意义，更加珍惜当前的工作与生活。同时，需要引起注意的是心理的防疫。疫情也可能引发人们的焦虑和恐惧，可以通过心理健康知识讲座、心理咨询热线、心理辅导等形式，关注女性心理健康，增强应对风险和危机的能力。

（二）保障妇女各项权益，让妇女平等享有改革发展成果

必须将保障妇女权益上升为国家意志，要让女性在社会和家庭领域发挥作用，完全平等参与经济社会发展，平等享有改革发展成果；要深入贯彻落实男女平等基本国策，让更多的女性真正能够在参与中为实现中华民族伟大复兴贡献自己的力量。尤其要注意在就业与创业领域给妇女带来的新机遇与新挑战。

1. 稳定就业：提升就业质量，确保妇女真正参与经济社会发展

在社会主义现代化建设进程中，妇女生产力不断释放，就业领域更加广泛。党的十八大以来，推动男女平等就业取得了令人瞩目的成就。下一步应着力提升女性就业质量，提供多重就业保障。

一是进一步提供性别平等的就业保障。2019 年，人力资源和社会保障部、全国妇联等九部门印发《关于进一步规范招聘行为促进妇女就业的通知》，明确禁止六种就业性别歧视行为，建立健全多部门联合约谈、市场监管、司法救济等救济渠道，为保障妇女平等享有就业权提供有力支持。要实现妇女就业选择更加多元，创业之路更加宽广，就业和创业人数大幅增加。目前，第四期《中国妇女发展纲要》正在编制中，《妇女权益保障法》也将进行修订，应在政策法律的制定中不断完善劳动保护机制，促进女性建功立业。

二是鼓励女性创业创新。继续实施鼓励妇女就业创业的小额担保贷款财政贴息政策，激发妇女的创业精神和创新活力，让妇女成为“大众创业、万众创新”的重要力量。妇联作为引领、服务、联系妇女的群团组织，要大力推进创业创新巾帼行动，培养巾帼电商带头人，进一步完善“互联网 + 女性创业”的服务体系，使妇女不出户、不出村就能享受到便捷高效的就业服务，进一步提升互联网领域创业者中女性比例。

三是创造条件推动妇女走在时代前列。改革开放 40 多年来，妇女在经济、政治、社会、科技、教育、文化、卫生等各条战线展现巾帼风采、贡献巾帼力量。为了更好地发挥妇女聪明才智，应不断拓宽妇女就业创业渠道，加强就业服务培训，支持妇女在经济社会发展中建功立业，推动妇女走在时代前列。

2. 数字生活：打破数字鸿沟，保障女性共享数字经济成果

研究表明，随着数字技术的普及和应用，虽然“数字接入鸿沟”中的性别差异已经消除，但在使用形式或用途上，仍存在性别差异。

此次调查中，虽然大部分被调查女性认为已经习惯“云生活”，但需要引起注意的是，被调查女性参与自主（网上）创业、从事新媒体行业等新职业的比例均不到2%。传统性别观念可能以更加隐蔽的形式潜移默化地影响着男性和女性对数字技术的接受、使用以及在数字世界的参与程度，进而在一定程度上加剧“数字性别鸿沟”，阻碍女性在新时代的全面发展。

一是打破性别刻板印象，鼓励女性参与数字生活。通过文化教育和宣传推广，打破传统性别观念中女性不适宜参与科学创造的壁垒，创造更加平等开放的社会文化环境，鼓励女性参与数字领域的学习和工作。同时，提升人们对女性在数字相关专业中的重要作用和内在潜力的认识。

二是构建学习与培训体系，提升女性平等参与数字生活的能力。一方面，建立学习平台和开展项目培训，提升女性数字化设备使用的能力；另一方面，通过搭建支持性关系网，为女性提供指导、教育与培训等，提升媒介素养，激励更多女性主动参与数字生活，抓住适合自己的发展机会共享数字经济成果。

三是创造条件，让女性更好地融入数字经济发展的大潮。要保障女性更好地融入数字经济生活，除了要改变观念、提升女性数字化设备使用能力，还需要创造条件让女性直接参与数字经济发展。一方面，提供充足的资金保障，发展基础设施，缩小数字接入鸿沟；另一方面，建立和完善相关制度，确保女性能够平等参与数字经济发展。

3. 发挥妇女在社会生活和家庭中的作用，促进男女平等的实现

2018年11月2日，习近平总书记在同全国妇联新一届领导班子成员集体谈话并发表重要讲话时指出，要做好家庭工作，发挥妇女在社会生活和家庭生活中的独特作用；要引导妇女带动家庭成员，发扬尊老爱幼、男女平等、夫妻和睦、勤俭持家、邻里团结等中华民族传

统美德，抵制歪风邪气，弘扬清风正气，以好的家风支撑起好的社会风气。

一是要帮助妇女处理好家庭和工作的关系。近年来，因为子女的养育与教育，退出职场回归家庭的女性数量增多，本次被调查女性中全职在家带孩子的妈妈占比超过5.0%。相对于收入的多少，有没有收入对女性的幸福感影响更大；相对于工作的类型，有没有工作对女性的工作满意度影响更大。要将3岁以下婴幼儿家庭教育支持服务纳入政府公共服务，减轻广大妇女和家庭的育儿负担，让女性真正能够拥有人生出彩的机会。

二是家庭建设需要两性共担家庭责任。女性在弘扬和传承中华民族家庭美德和树立良好家风方面，留下了许多流传至今的美德故事。近现代以来，女性在走出家庭进入公共领域时，也同时受到男女两性分工模式这种规范性的影响，女性在面临家庭责任与职场责任的冲突时，可能会形成所谓的理性的家庭决策模式，选择回归家庭。要打破这种循环，需要倡导男性在家庭建设中承担同样的家庭责任，在照顾老人、养育子女、家务上承担同等的责任，让女性在社会生活中能够同样享有平等参与的权利与机会。

三是制定家庭政策时，要支持女性平等参与社会。在社会急剧变迁的背景下，随着人口转型与家庭功能削弱，人口出生率持续下降、家庭户规模日益缩小。此外，随着大规模人口流动，家庭离散化成为普遍现象，再加上人口老龄化的趋势，传统中国家庭所具有的生儿育女、赡养老人、情感满足、亲属间相互帮助等功能日益弱化。与人口再生产相关的育儿、教育、养老等一些服务需从市场购买，导致个人和家庭生存发展脆弱性增加。本次调查也显示出城市女性对家庭服务需求的增加，需要政府提供更多的支持，从而扩展女性生活空间，促进女性和家庭协调发展。同时政府要协调国家、社会、市场和家庭合力分担家庭责任，并提供质量高、可及性强的公共育儿服务。

开启新的历史征程，要在新发展理念引领下构建新发展格局，广大女性要立足岗位努力奋斗，走在时代前列，实现出彩人生；要加强家庭家教家风建设，坚持立德树人，以社会主义核心价值观为引领，建设好家庭，更好地在社会生活和家庭生活中发挥独特作用，为全面建设社会主义现代化国家贡献巾帼力量。

执笔： 刘萍，中国妇女杂志社副总编辑、《婚姻与家庭》杂志总编辑，华坤女性生活调查中心理事长，编审，哲学学士，中国科学院心理研究所婚姻家庭专业研究生；魏开琼，中华女子学院女性学系主任、教授、硕士生导师，博士，主要研究领域为妇女发展、妇女与公共政策、性别平等教育等；杜声红，人口学博士，中华女子学院女性学系讲师，主要研究领域为社会人口学、婚姻家庭、性别研究等。

B.3 新时代家庭家教家风调查报告

全国妇联家庭和儿童工作部　华坤女性生活调查中心

摘　要：对116014位成年人的调查结果显示：99.9% 的人认同家庭的重要性；99.7% 的人赞同爱国爱家是每个人都应该具有的情怀；96.9% 的人认为家庭美德包括尊老爱幼、母慈子孝、兄友弟恭；99.3% 的人赞同优良的家风对整个社会风气具有积极的促进作用；97.8% 的人认为社会主义核心价值观是家庭文明建设的核心内容，要落细落小落实；99.7% 的人赞同家庭教育应当重视品德教育、立德树人；89.5% 的人认为家庭纠纷的首要原因是缺乏责任感；87.3% 的人认为每位家庭成员都应成为家庭的建设者。被调查者高度认同妇女在家庭生活中具有独特作用。87.1% 的人认同妇联在家庭建设中的重要作用。被调查者急需的家庭服务是：建立社区养老的支持系统，出台家庭建设相关政策，建立托幼养老机构，实现家务劳动社会化。

关键词：家庭认同　家庭教育　家风

开展新时代家庭家教家风调查，旨在深入了解和掌握新时代家庭在家庭观念、家庭关系、家风家教、家庭服务等方面的特征、变化、现状与需求，了解和洞察不同地域、不同经济状况、不同结构的家庭的所思所想、所期所盼。基于对调查数据的分析和研究，形成以下调查报告。

一　调查的基本情况

（一）调查方法和内容

本次调查以电子问卷为主，2019 年 10 月 11 日至 16 日，通过各地妇联官网、App、微信公众号、微博以及中国妇女杂志社系列新媒体发放电子问卷。短短 6 天内，问卷浏览量超过 48 万次，117579 人参与调查，通过审核的有效问卷 116014 份，有效率为 98.7%。本次调查使用统计分析软件 SPSS 进行数据筛查、逻辑检验和统计分析。

（二）调查对象

1. 被调查者的区域分布

填答本次问卷的被调查者分布十分广泛，覆盖了全国 31 个省（自治区、直辖市）及香港特别行政区、澳门特别行政区、台湾地区的 319 个地级市和 1730 个区县，还有少量问卷来自世界其他国家和地区（见表 1）。

表 1　被调查者的地区分布

单位：人，%

地区	频率	百分比	有效百分比	累积百分比
北京	17326	14.9	14.9	14.9
天津	675	0.6	0.6	15.5
河北	6114	5.3	5.3	20.8
山西	6515	5.6	5.6	26.4
内蒙古	12629	10.9	10.9	37.3

续表

地区	频率	百分比	有效百分比	累积百分比
辽宁	66	0. 1	0. 1	37. 3
吉林	1318	1. 1	1. 1	38. 5
黑龙江	45	0. 0	0. 0	38. 5
上海	141	0. 1	0. 1	38. 6
江苏	566	0. 5	0. 5	39. 1
浙江	9568	8. 2	8. 2	47. 4
安徽	3817	3. 3	3. 3	50. 7
福建	6056	5. 2	5. 2	55. 9
江西	4829	4. 2	4. 2	60. 0
山东	4242	3. 7	3. 7	63. 7
河南	16703	14. 4	14. 4	78. 1
湖北	7350	6. 3	6. 3	84. 4
湖南	112	0. 1	0. 1	84. 5
广东	8598	7. 4	7. 4	91. 9
广西	56	0. 0	0. 0	92. 0
海南	133	0. 1	0. 1	92. 1
重庆	59	0. 1	0. 1	92. 2
四川	2110	1. 8	1. 8	94. 0
贵州	41	0. 0	0. 0	94. 0
云南	2659	2. 3	2. 3	96. 3
西藏	4	0. 0	0. 0	96. 3
陕西	1526	1. 3	1. 3	97. 6
甘肃	387	0. 3	0. 3	98. 0
青海	38	0. 0	0. 0	98. 0
宁夏	61	0. 1	0. 1	98. 0
新疆	2258	1. 9	1. 9	100. 0
香港	2	0. 0	0. 0	100. 0
澳门	1	0. 0	0. 0	100. 0
台湾	2	0. 0	0. 0	100. 0
美国	3	0. 0	0. 0	100. 0
英国	1	0. 0	0. 0	100. 0
白俄罗斯	2	0. 0	0. 0	100. 0
韩国	1	0. 0	0. 0	100. 0
合计	116014	100. 0	100. 0	

按四大经济区域[①]划分，来自东部地区的被调查者占46.0%，中部地区的，占33.9%；西部地区的，占18.8%；东北地区的，占1.2%（见表2）。

表2　被调查者的区域分布

单位：人，%

地区	频率	百分比	有效百分比	累积百分比
东部	53419	46.0	46.0	46.0
中部	39326	33.9	33.9	79.9
西部	21828	18.8	18.8	98.8
东北	1429	1.2	1.2	100.0
港澳台及海外	12	0.00	0.00	100.0
合计	116014	100.0	100.0	

2. 被调查者的性别

填答问卷的女性积极性更高，占82.9%；男性被调查者占17.1%（见表3）。

表3　被调查者的性别

单位：人，%

性别	频率	百分比	有效百分比	累积百分比
男	19840	17.1	17.1	17.1
女	96174	82.9	82.9	100.0
合计	116014	100.0	100.0	

① 根据国家统计局有关经济区域划分标准，东部地区包括北京、天津、河北、上海、江苏、浙江、福建、山东、广东、海南10个省份；中部地区包括山西、安徽、江西、河南、湖北、湖南6省；西部地区包括重庆、四川、贵州、云南、西藏、陕西、甘肃、青海、宁夏、新疆、内蒙古、广西12个省份；东北地区包括辽宁、吉林、黑龙江3省。

3. 被调查者的年龄

本次调查面向18岁及以上的成年人。数据显示，被调查者平均年龄为40岁。87.8%的被调查者集中在26~55岁；18~25岁的占比4.6%，56~65岁和65岁以上的，分别占比5.7%、1.9%（见表4）。“70后”“80后”是本次调查的主体人群。

表4　被调查者的年龄

单位：人，%

年龄	频率	百分比	有效百分比	累积百分比
18~25岁	5353	4.6	4.6	4.6
26~35岁	35043	30.2	30.2	34.8
36~45岁	42068	36.3	36.3	71.1
46~55岁	24724	21.3	21.3	92.4
56~65岁	6629	5.7	5.7	98.1
65岁以上	2197	1.9	1.9	100.0
合计	116014	100.0	100.0	

4. 被调查者的婚姻状况

被调查者以已婚为主，占89.5%；未婚的，占6.3%；离异和丧偶的，共占4.2%（见表5）。进一步交叉分析结果显示，单身男性占比略高于单身女性。36~45岁、46~55岁和55岁以上男性未婚比例分别为1.4%、0.7%和1.1%，女性未婚比例分别为0.6%、0.3%和1.0%。

表5　被调查者的婚姻状况

单位：人，%

婚姻状况	频率	百分比	有效百分比	累积百分比
未婚	7322	6.3	6.3	6.3
已婚	103818	89.5	89.5	95.8
离异	3420	2.9	2.9	98.7
丧偶	1454	1.3	1.3	100.0
合计	116014	100.0	100.0	

5. 被调查者的受教育状况

在被调查者中，大专及以上学历者合计占比47.4%；高中/中专/技校学历的，占比25.3%；初中及以下学历的，占比27.3%（见表6）。

表6　被调查者的受教育程度

单位：人，%

受教育程度	频率	百分比	有效百分比	累积百分比
初中及以下	31646	27.3	27.3	27.3
高中/中专/技校	29409	25.3	25.3	52.6
大专	22541	19.4	19.4	72.1
本科	29665	25.6	25.6	97.6
研究生及以上	2753	2.4	2.4	100.0
合　计	116014	100.0	100.0	

6. 被调查者的职业状况

按被调查者就业单位性质排序，来自事业单位的占比最高，为22.7%；自由职业/自主创业者占比14.9%；来自企业包括中央企业/国有企业、外资企业/合资企业、私营企业/民营企业等被调查者占比13.8%；农民和进城务工者占比12.5%；全职妈妈/全职爸爸占比12.0%；党政机关的占比8.2%；工会、妇联等群团组织的占比4.0%；来自社团、基金会、民办非企业等社会组织的占比3.4%；基层居委会/社区工作者和村委会/村干部占比2.9%；另外还有1.4%处于退休、下岗或无业状态；1.0%的被调查者为在读大学本科生、研究生等。还有3.4%的被调查者填写了“其他”（见表7）。

表7　被调查者的职业状况

单位：人，%

职业状况	频率	百分比	有效百分比	累积百分比
党政机关	9466	8.2	8.2	8.2
群团组织(工会、妇联等)	4587	4.0	4.0	12.1
事业单位(学校、医院等)	26342	22.7	22.7	34.8
中央企业/国有企业	5860	5.1	5.1	39.9
外资企业/合资企业	596	0.5	0.5	40.4
私营企业/民营企业	9515	8.2	8.2	48.6
社会组织(社团、基金会、民办非企业)	3889	3.4	3.4	51.9
自由职业/自主创业	17280	14.9	14.9	66.8
全职妈妈/全职爸爸	13877	12.0	12.0	78.8
农民/进城务工者	14518	12.5	12.5	91.3
其他	3994	3.4	3.4	94.8
村委会/村干部	1582	1.4	1.4	96.1
基层居委会/社区工作者	1721	1.5	1.5	97.6
在读大学本科生/研究生	1116	1.0	1.0	98.6
退休/下岗/无业	1671	1.4	1.4	100.0
合　计	116014	100.0	100.0	

被调查者的职业状况显示三个突出特点。一是被调查者职业非常多元，新经济组织、新社会组织从业者占比较高；二是全职妈妈/全职爸爸占比达12.0%，显示出“二孩时代”对人们职业选择的影响；三是全职妈妈的占比高于全职爸爸。全职妈妈占到女性被调查者的14.3%，而全职爸爸只占男性被调查者的0.9%（见表7和图1）。

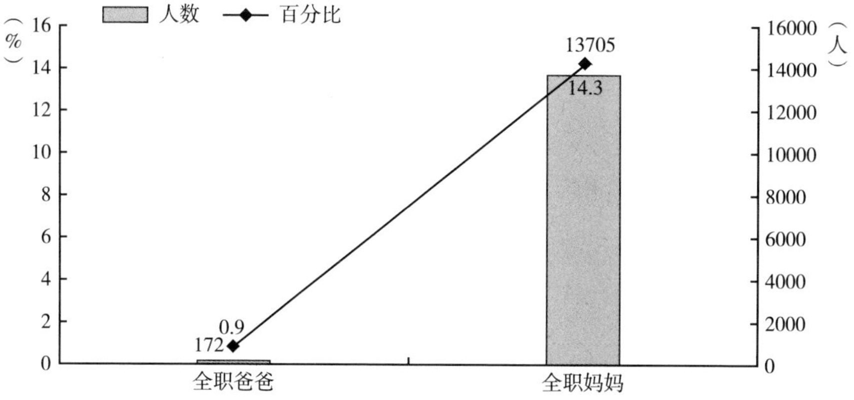

图1　全职妈妈/全职爸爸比例比较

二　本次调查的主要发现

（一）对家庭的理解和认知

1. 99.9% 的被调查者认同家庭的重要性

调查数据显示，99.9% 的被调查者认同家庭的重要性。其中，82.1% 的被调查者认为家庭“非常重要”，15.6% 认为“重要”，1.6% 认为“比较重要”，0.6% 的被调查者认为“一般重要”。只有 0.1% 的被调查者认为家庭对自己的生活“不重要”（见表8）。可见，无论时代如何变化，家庭在人们生活中的重要性都不可替代，家是心灵的港湾和幸福的源泉，也是每个人梦想起航的地方。

表8　被调查者对家庭重要性的认识

单位：人，%

程度	频率	百分比	有效百分比	累积百分比
非常重要	95220	82.1	82.1	82.1
重要	18092	15.6	15.6	97.7

续表

程度	频率	百分比	有效百分比	累积百分比
比较重要	1878	1.6	1.6	99.3
一般重要	659	0.6	0.6	99.9
不重要	165	0.1	0.1	100.0
合　计	116014	100.0	100.0	

不同婚姻状况被调查者对家庭重要性的认识有差异。已婚被调查者更能体会家庭对自己生活的重要性，83.3%的人认为家庭“非常重要”；76.0%的丧偶被调查者仍然认为家庭“非常重要”；73.9%的未婚被调查者也认为家庭对自己的生活“非常重要”（见表9）。

表9　不同婚姻状况被调查者对家庭重要性的认知

单位：人，%

程度	类别	未婚	已婚	离异	丧偶	合计
非常重要	频率	5412	86452	2251	1105	95220
	百分比	73.9	83.3	65.8	76.0	82.1
重要	频率	1509	15402	895	286	18092
	百分比	20.6	14.8	26.2	19.7	15.6
比较重要	频率	239	1448	150	41	1878
	百分比	3.3	1.4	4.4	2.8	1.6
一般重要	频率	124	422	97	16	659
	百分比	1.7	0.4	2.8	1.1	0.6
不重要	频率	38	94	27	6	165
	百分比	0.5	0.1	0.8	0.4	0.1
总　计	频率	7322	103818	3420	1454	116014
	百分比	100.0	100.0	100.0	100.0	100.0

2. 被调查者赞同国与家是命运共同体

调查数据显示，99.5%的被调查者赞同“全社会都要重视家庭建设，培育好家教，弘扬好家风”（见表10）；99.2%的被调查者赞同“家是最小国，国是千万家，国与家是命运共同体”（见表11）；99.7%的被调查者赞同“爱国爱家是每个人都应该具有的情怀”（见表12）。绝大多数被调查者认识到，家与国根脉相系，命运与共。

表10　对“全社会都要重视家庭建设，培育好家教，弘扬好家风”的认同

单位：人，%

态度	频率	百分比	有效百分比	累积百分比
赞同	115470	99.5	99.5	99.5
不赞同	175	0.2	0.2	99.7
不清楚	369	0.3	0.3	100.0
合计	116014	100.0	100.0	

表11　对“家是最小国，国是千万家，国与家是命运共同体”的认同

单位：人，%

态度	频率	百分比	有效百分比	累积百分比
赞同	115136	99.2	99.2	99.2
不赞同	287	0.2	0.2	99.5
不清楚	591	0.5	0.5	100.0
合计	116014	100.0	100.0	

表12　对“爱国爱家是每个人都应该具有的情怀”的认同

单位：人，%

态度	频率	百分比	有效百分比	累积百分比
赞同	115708	99.7	99.7	99.7
不赞同	92	0.1	0.1	99.8
不清楚	214	0.2	0.2	100.0
合计	116014	100.0	100.0	

（二）对家风的理解和认知

1. 传统与现代理念交融，丰富家庭美德内涵

家庭美德包含哪些内容？96.9%的被调查者认为家庭美德包括“尊老爱幼、母慈子孝、兄友弟恭”；91.7%认为“男女平等、夫妻和睦”是家庭美德的重要内容；88.8%认为包括“耕读传家、勤俭持家、知书达礼、遵纪守法”；87.6%认为“倡导忠诚、责任、亲情、学习、公益的理念”等是家庭美德的重要内容（见表13）。调查数据表明，尊老爱幼、母慈子孝、兄友弟恭、耕读传家、勤俭持家、知书达礼等传统家庭美德影响深远；伴随时代的进步与发展，追求男女平等、打造学习型家庭、热心公益事业等为家庭美德与时俱进注入了新内涵。

表13　被调查者对“家庭美德”的理解

单位：人次，%

家庭美德	频率	个案百分比	排序
尊老爱幼、母慈子孝、兄友弟恭	112473	96.9	1
男女平等、夫妻和睦	106438	91.7	2
耕读传家、勤俭持家、知书达礼、遵纪守法	103078	88.8	3
倡导忠诚、责任、亲情、学习、公益的理念	101593	87.6	4
其他	3620	3.1	

（1）被调查者眼中的“家庭美德”清单

被调查者在留言和“其他”选项中列出的“家庭美德”清单涵盖范围更为广泛，既有爱党爱国、贡献社会的大爱之美，也有顾家爱家的小爱之情；被调查者认为，社会公德、职业道德和个人品德，都是“家庭美德”的重要组成部分。

● 爱党爱国。被调查者认为“家庭美德”中排第一位的就是要爱党爱国。“爱祖国，爱人民，爱中国共产党，爱社会主义”“爱党，

爱国，爱民！继承发扬革命先烈的遗志为国家多做贡献!”“爱家更要爱国，每个人都要把爱国当作第一前提”“爱祖国，拥护党的领导，遵纪守法”“具有强烈的爱国主义情怀”“舍小家，顾大家，共建命运共同体”“积极向上，爱国爱家”“有国才有家”“要把爱国情怀传递给下一代”“从小培养爱国理念”“对孩子进行爱国主义教育”等，流露出浓浓的赤子之心、家国情怀。

• 爱家顾家。被调查者认为，爱家顾家是“家庭美德”的落脚点。被调查者这样描述“家”：“家既是我们的起点，也是我们的终点。是我们每日栖息的地方，也是生命的港湾”“家庭成员共情互动，共同成长”“爱，信任，支持，倾听”“互敬互爱，尊老爱幼”“互相尊重，互相珍惜，风雨同舟”“懂礼仪，知互敬，家庭才能和谐稳定”“定期或不定期组织家庭外出旅游、欣赏音乐会等活跃家庭生活”“多沟通，培养共同爱好，少玩手机，为家庭增添和谐元素”“夫妻双方及亲子都应该是良好的朋友关系”“彼此体谅，相互理解”“家和万事兴；家庭和睦太重要了；向往有正能量有阳光的家庭氛围；夫妻恩爱是对孩子最好的爱和教育”等。这些都是促进家庭长久和谐的关键要素。

• 家人相处。被调查者提及最多的家人相处之道包括：“爱妻爱家，彼此忠诚”“爱丈夫爱孩子，家庭教育重在以身作则”“夫妻俩互相尊重互相爱护，真诚相待”“夫妻之间互信互助，婆媳之间相互体谅”“爱家顾家，预留亲子时间”“婆媳、妯娌之间互相体谅，长辈不要过多干预小辈的家庭生活”“年轻人要自立自强，不啃老；老年人尽量不给儿女添麻烦”“家庭成员各守本分，长辈有长辈的样子，晚辈有晚辈的礼节”“对父母对孩子对爱人，要关注他们的内心感受”等。可见，相互尊重、彼此平等、互相体谅、关注对方内心感受，是建立相亲相爱家人关系的基本准则。

• 家庭文明。被调查者注重从自我做起，从家庭做起，积极践行健康文明生活方式，为社会文明进步贡献力量。被调查者认为，家庭文明风尚也是家庭美德的重要组成部分。被调查者提及的家庭文明建设包括："爱护公共环境""不但自己养成垃圾分类的好习惯，还要教育孩子也要做到""崇尚健康文明的生活方式""低碳环保""从小培养良好的生活习惯""爱护公物，文明出行""贯彻落实全民健康理念，全家参与运动，全家健康才能全民健康""提倡勤俭节约，限制过度消费""时刻将良好的习惯在自己家里落实，如垃圾分类等""讲文明，树新风，治理环境卫生，共同建设美丽乡村、美好家园"等。

• 崇尚学习。被调查者认为，所有家庭成员都应重视学习，一个善于学习的家庭才能走得更远更长久。被调查者认为："从小让孩子多读书"，"父母和孩子要共同学习、进步，重视家庭教育，用自身经历教会孩子如何去追梦"，要积极开展"亲子阅读""亲子共读国学经典"，"传统文化必须学"，"共同学习、共同进步"，"终身学习，勇于创造，敢于创新"，"爱生活，学习经典升华心灵，让爱滋润生活"，等等。

• 性别平等。被调查女性更加关注性别平等，认为女性应更多参与社会生活，男性应更多承担家庭责任，平等是家庭美德不可缺少的内容。"男人的家庭责任感亟待提高""男人应该多参与家庭生活，多做家务、多教育儿女"等。

• 邻里团结。和睦邻里、守望相助，是家庭美德不可缺少的内容，也是凝聚社区、增进邻里相互认同的基础。被调查者认为，"利他、懂感恩，邻里团结""邻居之间要和谐相处""和谐的周边氛围有利于安定团结，有利于身心健康！""和睦邻居，要提高自我涵养修为"等。

• 个人品德。被调查者赋予个人品德丰富内容，认为个人品德应包括："包容的心态""肯吃亏的精神""人与人之间要相互真诚，相互信任，相互学习，要有谦卑的心态""善良、宽容、懂得换位思考""设身处地为他人着想，善良为本""诚实守信，与邻为善，勤俭持家，清白做人""积善、积德、利国利民、但行好事莫问前程""勤劳简朴，坚韧不拔，奋勇向前""己所不欲勿施于人""包容，体谅，尊重，勇敢，沟通""彼此尊重、心态积极、宽容大度""每个人都要有自己的人生目标，自立自强""不怕吃苦，努力上进"等，每个家庭成员只有恪守个人美德，才能将家庭融为一个整体。

•社会公德。被调查者认为家庭美德与社会公德密不可分，家庭美德是社会主义公民道德建设的重要内容，应身体力行践行"文明礼貌，遵纪守法"，"诚实守信，讲文明，讲卫生，遵守社会公德"，"爱岗敬业，无私奉献"，"积极向上，时时充满正能量"，"必须有信仰，有共同信念"等。

•家风传承。"共同发展进步，传承好家风""传承好的家风家训""父母是第一任老师，一定要注重家教家风""传承中华文化，崇尚民族英雄和为国家奉献的精神""传承老一辈优良传统""好家风，给家里带来正能量""加强对青少年家风美德、勤俭持家优良传统教育"等，都是被调查者对家风传承的理解。大家认识到，家风是家运昌盛之命脉，同时也是国富民强之基石。

•热衷公益。公益是家庭美德在社会的延伸，不仅要以爱己之心爱家人，还要爱护并帮助需要帮助的人。被调查者认为"帮助别人就是帮助自己""心有大爱，助人为乐""多做有利于社会社区的好事，当好志愿者，做传承正能量的标兵""爱心永存，公益永远""尽自己所能帮助困难家庭""帮助残疾人"等。

（2）受教育程度高者，对"家庭美德"理解更全面

被调查者受教育程度不同，对"家庭美德"的认知和理解也有

所不同。初中及以下学历的被调查者对“男女平等、夫妻和睦”“耕读传家、勤俭持家、知书达礼、遵纪守法”“倡导忠诚、责任、亲情、学习、公益的理念”“尊老爱幼、母慈子孝、兄友弟恭”的认可度均低于接受过更高教育的被调查者（见表 14）。可见，女性受教育程度越高，对“家庭美德”的认知更丰富也更全面。

表 14　不同受教育程度被调查者对“家庭美德”的理解

单位：人次，%

家庭美德	类别	初中及以下	高中/中专/技校	大专	本科	研究生及以上
尊老爱幼、母慈子孝、兄友弟恭	频率	30018	28516	22128	29133	2678
	百分比	94.9	97.0	98.2	98.2	97.3
男女平等、夫妻和睦	频率	26762	26805	21369	28822	2680
	百分比	84.6	91.1	94.8	97.2	97.3
耕读传家、勤俭持家、知书达礼、遵纪守法	频率	25591	26244	20909	27803	2531
	百分比	80.9	89.2	92.8	93.7	91.9
倡导忠诚、责任、亲情、学习、公益的理念	频率	24001	25770	20920	28283	2619
	百分比	75.8	87.6	92.8	95.3	95.1
其他	频率	1026	849	694	928	123
	百分比	3.2	2.9	3.1	3.1	4.5

2. 被调查者认同好家风能够涵养社会风气

99.3%的被调查者赞同“优良的家风对整个社会风气具有积极的促进作用”（见表 15）；97.8%赞同“社会主义核心价值观是家庭文明建设的核心内容，要在日常生活中落细落小落实”（见表 16）。被调查者认为，24 个字的社会主义核心价值观，承载着每个人的美好愿景，是新时代家庭观的核心内容，每个家庭只有家风好，才能支撑起好的社会风气。

表 15　被调查者对“优良的家风对整个社会风气具有积极的促进作用”的认同

单位：人，%

态度	频率	百分比	有效百分比	累积百分比
赞同	115200	99.3	99.3	99.3
不赞同	248	0.2	0.2	99.5
不清楚	566	0.5	0.5	100.0
合计	116014	100.0	100.0	

表 16　对“社会主义核心价值观是家庭文明建设的核心内容，要在日常生活中落细落小落实”的认同

单位：人，%

态度	频率	百分比	有效百分比	累积百分比
赞同	113516	97.8	97.8	97.8
不赞同	528	0.5	0.5	98.3
不清楚	1970	1.7	1.7	100.0
合计	116014	100.0	100.0	

（三）对家教的理解和认知

1. “四个第一”是家庭教育的重要基点

孩子是家庭的未来和希望，更是国家的未来和希望。家庭中父母对子女的影响非常大。被调查者认为，家庭教育的最大意义在于“父母是孩子的第一任老师”，占95.5%；其次，“家庭教育能帮助孩子迈好人生的第一个台阶”，占92.2%；家庭教育的意义还在于“家庭是人生的第一课堂”“家庭教育中父母要帮助孩子扣好人生第一粒扣子”，分别占91.8%和88.5%（见表17）。

表 17　被调查者对家庭教育意义的认知

单位：人，%

意义	频率	个案百分比	排序
家庭是人生的第一课堂	106520	91.8	3
父母是孩子的第一任老师	110799	95.5	1
家庭教育中父母要帮助孩子扣好人生第一粒扣子	102617	88.5	4
家庭教育能帮助孩子迈好人生的第一个台阶	106936	92.2	2

被调查者认同家教的重要性。家庭是社会的最小细胞，而孩子又是家庭中最为活跃的小细胞。如何通过家庭教育呵护抚育这些小细胞健康发育成长，裂变为家庭建设的正能量，是一个需要家庭、学校和社会共同研究的大课题。为此，被调查者在留言中提出了家教建议。

● 教育方式。被调查者认为“大人要做孩子的好榜样”，大人对待孩子应该以平等的姿态相处，而不是以高高在上的姿态，“家长对待子女要言传身教，少溺爱，培养独立的生活方式”，要“注重家庭氛围，加强沟通，提升孩子综合素质”，要“教子有方，科学教子，关注孩子的心理健康”等。

● 教育内容。被调查者认为要从小“培养孩子正确的人生观、价值观”；要加强对子女的爱国主义教育，“爱党爱国，遵纪守法，要为国家做贡献，要注重国防教育和安全教育”“教育子女‘勿以善小而不为，勿以恶小而为之’”，向孩子传递正能量，“让他们从小就养成勤俭节约的好习惯”。对孩子严要求，“不娇惯，注重孩子良好习惯的培养，培养孩子自立自强的能力”等。

● 家庭社会共育。被调查者建议家长“接受专业的心理学亲子培训，掌握孩子的成长规律，给孩子一个幸福快乐的童年”，要“重视托育机构建设，让家长能安心工作，为社会做贡献”，希望“全社会尊重老师，提高教师社会地位”，“多举行亲子活动、孝道活动，对正能量的人和事多宣传、表彰”，“多提供家庭教育、亲子关系方面的课程或服务”等。

2. 新时代家庭观：立德树人、男女平等、绿色环保等

99.7%的被调查者赞同“家庭教育应当重视品德教育、立德树人”（见表18）。99.6%赞同“家庭中应该倡导男女平等、责任共担”（见表19）；99.5%赞同“每一个家庭成员都应该共同承担起家庭责任”（见表20）；98.9%赞同“家庭生活中应当注重绿色环保”（见表21）。

表18　被调查者对“家庭教育应当重视品德教育、立德树人”的态度

单位：人，%

态度	频率	百分比	有效百分比	累积百分比
赞同	115622	99.7	99.7	99.7
不赞同	108	0.1	0.1	99.8
不清楚	284	0.2	0.2	100.0
合计	116014	100.0	100.0	

表19　被调查者对“家庭中应该倡导男女平等、责任共担”的态度

单位：人，%

态度	频率	百分比	有效百分比	累积百分比
赞同	115589	99.6	99.6	99.6
不赞同	241	0.2	0.2	99.8
不清楚	184	0.2	0.2	100.0
合计	116014	100.0	100.0	

表 20　被调查者对“每一个家庭成员都应该共同承担起家庭责任”的态度

单位：人，%

态度	频率	百分比	有效百分比	累积百分比
赞同	115447	99.5	99.5	99.5
不赞同	356	0.3	0.3	99.8
不清楚	211	0.2	0.2	100.0
合计	116014	100.0	100.0	

表 21　被调查者对“家庭生活中应当注重绿色环保”的态度

单位：人，%

态度	频率	百分比	有效百分比	累积百分比
赞同	114792	98.9	98.9	98.9
不赞同	316	0.3	0.3	99.2
不清楚	906	0.8	0.8	100.0
合计	116014	100.0	100.0	

（四）家庭建设、家庭工作的重要参与者

调查数据显示，87.3%的被调查者认为，家庭中的每位成员都应发挥自己的能量，成为家庭的建设者（见表22）；87.1%的被调查者认同妇联在家庭建设中发挥着重要作用（见表23）。

表 22　被调查者对家庭建设主体的认知

单位：人，%

主体	频率	个案百分比
各级党组织	58771	50.7
各级政府	69875	60.2
妇联	78395	67.6
服务家庭的社会组织	77683	67.0
家庭	101286	87.3
其他	2577	2.2

表23　被调查者对妇联在家庭建设中作用的态度

单位：人，%

作用	频率	百分比	有效百分比	累积百分比
重要	101104	87.1	87.1	87.1
不重要	3425	3.0	3.0	90.1
不清楚	11485	9.9	9.9	100.0
合计	116014	100.0	100.0	

1. 不同性别被调查者对妇联在家庭建设中作用的态度存在差异

女性被调查者认为“重要”的比例为88.2%，比男性的82.2%高出6个百分点。对妇联在家庭建设中的作用，男性被调查者表示“不清楚”的比例为12.2%，表示“不重要”的比例为5.6%，二者合计为17.8%，远高于女性的11.8%（见表24）。

表24　不同性别被调查者对妇联在家庭建设中作用的态度

单位：人，%

作用	类别	男	女	合计
重要	频率	16300	84804	101104
	百分比	82.2	88.2	87.1
不重要	频率	1112	2313	3425
	百分比	5.6	2.4	3.0
不清楚	频率	2428	9057	11485
	百分比	12.2	9.4	9.9
合计	频率	19840	96174	116014
	百分比	100.0	100.0	100.0

2. 年轻人对妇联在家庭建设中作用的认识有待提升

不同年龄被调查者对妇联在家庭建设中的作用，在认识上存在差异。被调查者随着年龄增长，选择“重要”的比例呈上升趋势。

18～25 岁被调查者对妇联在家庭建设中的作用表示“不清楚”的比例最高，为 17.5%；26～35 岁居其次，为 12.0%。46～55 岁、56～65 岁和 65 岁以上被调查者选择“不清楚”的比例较低（见表 25）。可见，妇联组织在青年群体中的影响力有待提升。

表 25　不同年龄被调查者对妇联在家庭建设中作用的态度

单位：人，%

作用	类别	18～25 岁	26～35 岁	36～45 岁	46～55 岁	56～65 岁	65 岁以上	合计
重要	频率	4296	30001	36631	22190	6029	1957	101104
	百分比	80.3	85.6	87.1	89.8	90.9	89.1	87.1
不重要	频率	120	826	1270	888	231	90	3425
	百分比	2.2	2.4	3.0	3.6	3.5	4.1	3.0
不清楚	频率	937	4216	4167	1646	369	150	11485
	百分比	17.5	12.0	9.9	6.7	5.6	6.8	9.9
合计	频率	5353	35043	42068	24724	6629	2197	116014
	百分比	100.0	100.0	100.0	100.0	100.0	100.0	100.0

3. 女性在家庭生活中发挥独特作用

被调查者高度认同妇女在家庭生活中具有独特作用。其中，“弘扬家庭美德”居首位，占 94.9%；“建设优良家风”居第二位，占 92.1%；“照护家庭成员”，占 86.6%；“维护家庭秩序”，占 83.4%；“施行科学家教”，占 75.2%；“引导家庭消费”，占 73.0%；“组织家庭生产”，占 69.0%（见表 26）。

表 26　被调查者对女性在家庭生活中独特作用的认知

单位：人次，%

独特作用	频率	个案百分比	排序
弘扬家庭美德	110076	94.9	1
建设优良家风	106882	92.1	2
施行科学家教	87263	75.2	5
维护家庭秩序	96780	83.4	4
组织家庭生产	80023	69.0	7
引导家庭消费	84668	73.0	6
照护家庭成员	100519	86.6	3

不同年龄被调查者对女性在家庭生活中的作用认知存在差异。随着被调查者年龄增加，选择“弘扬家庭美德”“建设优良家风”“照护家庭成员”的比例不断上升（见表27）。

表 27　不同年龄被调查者对女性在家庭生活中独特作用的认知比较

单位：人次，%

独特作用	类别	18～25岁	26～35岁	36～45岁	46～55岁	56～65岁	65岁以上
弘扬家庭美德	频率	4934	33064	39942	23658	6362	2116
	百分比	92.2	94.4	94.9	95.7	96.0	96.3
建设优良家风	频率	4802	32079	38779	22960	6177	2085
	百分比	89.7	91.5	92.2	92.9	93.2	94.9
施行科学家教	频率	4111	26692	31156	18426	5106	1772
	百分比	76.8	76.2	74.1	74.5	77.0	80.7
维护家庭秩序	频率	4469	29799	34767	20322	5545	1878
	百分比	83.5	85.0	82.6	82.2	83.6	85.5

续表

独特作用	类别	18～25岁	26～35岁	36～45岁	46～55岁	56～65岁	65岁以上
组织家庭生产	频率	3620	24542	28833	17133	4466	1429
	百分比	67.6	70.0	68.5	69.3	67.4	65.0
引导家庭消费	频率	4017	26210	30409	17675	4661	1696
	百分比	75.0	74.8	72.3	71.5	70.3	77.2
照护家庭成员	频率	4309	30251	36816	21469	5688	1986
	百分比	80.5	86.3	87.5	86.8	85.8	90.4

（五）对家庭服务的需求

1. 被调查者急需4类家庭服务支持

满足家庭对育儿养老等优质家政服务的需求，是提升家庭获得感、幸福感和安全感的重要途径，“实施家庭服务提升行动”也是“家家幸福安康工程”的重要目标之一。调查结果显示，被调查者急需的家庭服务需求主要集中在4个方面：“建立社区养老的支持系统”居首位，占84.4%；“出台家庭建设相关政策（如建立家庭养老补助机制）”居第二位，占82.0%；“建立托幼养老机构”居第三位，占79.1%；“家务劳动社会化”居第四位，占75.4%（见表28）。

表28　被调查者对家庭服务的需求

单位：人，%

需求	频率	个案百分比	排序
家务劳动社会化	87472	75.4	4
出台家庭建设相关政策（如建立家庭养老补助机制）	95079	82.0	2
建立社区养老的支持系统	97930	84.4	1
建立托幼养老机构	91818	79.1	3
其他	3401	2.9	

（1）被调查者家庭服务需求包罗万象

被调查者在留言中对家庭服务的需求可谓包罗万象、千差万别。

• 孩子照顾。托幼问题是被调查者普遍关注的问题，特别是“二孩”政策实施后，很多家庭切实面临“低年级学龄儿童接送难、课后托管不到位或学校缺少延时服务”等问题，特别是“双职工家庭，在家长工作时间未成年子女面临托管和照料难”的困境，急需“在单位建托幼活动室”，建立“假期幼儿托管机制”、“婴幼儿托管机构”和“中小学生课后教育托管机构”等，有效解决双职工家庭工作和照料子女的两难问题。

• 养老服务。伴随“银发时代”的到来，养老成了全社会普遍关注的问题，大众对养老服务的需求越来越大，这同时考验着政府规划养老的能力。调查结果显示，“养老、托老、抱团养老，兴办各种层次的养老机构使得养老机构多样化”是被调查者的主要关切点，为此被调查者积极建言献策，比如“建立老人能承担得起、干净卫生、护工素质高的养老院”“建立农村养老机构”“各社区建立养老服务站，提供饭堂，安排床位”“控制价格，养老设施正规化，国家系统管理”等。除了保障老年人基本生活权益外，还要关心老人的心理健康和精神世界，提供丰富的文化生活服务，如“对老年人传授科学知识和技能，提高生活品质”“大力支持老人的社区活动”“给老人提供教育培训的机会”“老有所用、老有所为”。此外，被调查者认为“完善法规，保护老年人权益”势在必行。

• 家事调解。被调查者认为应“成立专门机构，有专人专职负责处理生活中各项琐事”“建设社区家庭服务站，完善社会对家庭建设的指导制度”“建立基层政府（居委会）与家庭的联络站”“建立家庭心理疏导和家庭矛盾调解机构”等，将家庭事务纳入制度化机制化社会治理体系之中。另外，大力倡导男女共担家务，分担生育成本，“明确男性与女性分别在家庭中的独特作用”，是建立相亲相爱、共建共享家庭文化的重要内容。“帮助大龄单身青年的婚恋服务”也是促进社会和谐稳定的重要因素。

• 家庭管理。建设好家庭、管理好家庭是需要学习的。被调查者建议，“建设家庭学校，打破传统陈腐观念，学习交流新经验，传授经营家庭的新方法”“持续开设家庭婚姻课堂”“重视家庭文化建设”“定期开展优良家风思想教育”“注重家庭道德建设、立德树人指导”“出台家庭教育等相关立法”，由此提升持家智慧，提高家庭治理水平。

• 家长培训。被调查者认为，家长只有不断学习成长，才能更好地担负起孩子“第一任老师”的职责，为孩子讲好人生“第一堂课”。被调查者建议，“倡导一家一人先学习，带动全家共同成长”，要“对准父母进行家教培训”，实施“父母成长计划和家长课堂”，“成立家长互助、学习小组”，从而提升父母的养育能力和素质。被调查者还提议开展一对一的“入户指导专门培训”等。

• 关爱职场妈妈和全职妈妈。被调查者认为“给予职场妈妈弹性工作时间”，“尊重全职妈妈的家庭劳动价值”，将全职妈妈“作为一种特殊职业予以认可”，“相应的兼职工作向全职妈妈倾斜”，“给予全职妈妈心理辅导”等，都是家庭社会支持系统的重要内容。

• 保护弱势群体。被调查者认为“保护妇女儿童切身利益，帮助妇女儿童远离家暴”“对独生子女家庭、失独家庭给予更多的精神关爱和适当的经济补助”“多关心空巢老人的困难”“关爱留守儿童，扶助贫困妇女、残疾妇女、留守妇女”等，都是家庭服务落实落细落小的举措。

• 家庭医疗急救。被调查者对社区卫生服务和急救医疗服务需求迫切。“建立家庭应急救助政策，进行家庭护理知识培训”“建立社区医疗护理保障体系，解决农村医疗人员和设备的不足等困难”“开展医养结合培训”“提倡学习家庭抢救自救知识”“开展多方面的安全教育”等，都是家庭服务不可或缺的重要内容。

（2）年轻被调查者对家务劳动社会化呼声更高

不同年龄被调查者对家庭服务的需求存在一定差异。调查结果显示：18～25岁和26～35岁的年轻被调查者对“家务劳动社会化”的需求相对较高，分别为78.3%和79.5%；65岁以上老人则对“出台家庭建设相关政策（如建立家庭养老补助机制）”和“建立社区养老的支持系统”的需求最为迫切（见表29）。

表29　不同年龄被调查者对家庭服务的需求

单位：人，%

需求	类别	18～25岁	26～35岁	36～45岁	46～55岁	56～65岁	65岁以上
家务劳动社会化	频率	4190	27875	31613	17457	4726	1611
	百分比	78.3	79.5	75.1	70.6	71.3	73.3
出台家庭建设相关政(如建立家庭养老补助机制)	频率	4458	29157	34323	19901	5386	1854
	百分比	83.3	83.2	81.6	80.5	81.2	84.4
建立社区养老的支持系统	频率	4413	29292	35336	20989	5860	2040
	百分比	82.4	83.6	84.0	84.9	88.4	92.9
建立托幼养老机构	频率	4061	27640	32739	19845	5610	1923
	百分比	75.9	78.9	77.8	80.3	84.6	87.5
其他	频率	180	1022	1130	737	232	100
	百分比	3.4	2.9	2.7	3.0	3.5	4.6

2. 被调查者认为孝敬老人首先应做到“生活照顾”

据统计，2000年，我国65岁及以上人口比例达到7.0%，开始步入老龄化社会。2018年，我国65岁及以上人口达16658万人，已占总人口的11.9%，人口老龄化程度持续加深①。在我国，传统文化

① 国家统计局2019年8月22日发布。

中的“老吾老以及人之老”等孝道观念始终备受推崇。什么才是真正的孝？调查结果显示，“生活照顾”居首位，占97.8%；“尊重意愿”居第二位，占93.0%；“精神慰藉”和“物质帮助”分别占91.6%和88.1%（见表30）。

表30　被调查者对孝道的认知

单位：人次，%

方面	频率	个案百分比	排序
生活照顾	113479	97.8	1
精神慰藉	106218	91.6	3
物质帮助	102169	88.1	4
尊重意愿	107911	93.0	2
其他	1841	1.6	

（1）被调查者倾情书写“孝道清单”

被调查者高度认同“孝为德之本，百善孝为先”，讲情重孝是家事也是国事。

• 照料陪伴。被调查者认为，要“承担赡养老人的一切责任和义务”“不要嫌麻烦，你陪我长大，我陪您到老，像小时候父母照顾我们一样照顾他们”。对于老人来说，“爱和陪伴最重要”，“不管多忙都要常回家看望老人，他们才不会觉得孤单”，“经常跟老年人沟通”，“老人生病要尽心尽力关照”，“定期为老人做体检”。

• 理解包容。被调查者认为“对待老人要持包容态度”，“给老人好态度、好脸色、好情绪”“了解老人的真实心愿”“理解和了解他们的需求”，才算真正做到孝。

• 精神慰藉。被调查者认为“关注老年人心理健康，让老人多点时间做自己的事儿”“带父母长辈旅游，出去看世界”“发现老人的兴趣爱好”等，才能让老人安享幸福晚年生活。

(2) 低学历被调查者对孝道的认识有待提升

初中及以下学历被调查者对孝道的理解有待提升。除了“生活照顾”外，他们对“精神慰藉”“尊重意愿”的选择比例均低于受过中等以上教育的被调查者（见表31）。

表31　不同学历被调查者对孝道认识的比较

单位：人次，%

方面	类别	初中及以下	高中/中专/技校	大专	本科	研究生及以上
生活照顾	频率	30517	28875	22226	29164	2697
	百分比	96.4	98.2	98.6	98.3	98.0
精神慰藉	频率	25857	27128	21667	28878	2688
	百分比	81.7	92.2	96.1	97.3	97.6
物质帮助	频率	25309	26147	20722	27488	2503
	百分比	80.0	88.9	91.9	92.7	90.9
尊重意愿	频率	28158	27447	21448	28252	2606
	百分比	89.0	93.3	95.2	95.2	94.7
其他	频率	572	471	318	418	62
	百分比	1.8	1.6	1.4	1.4	2.3

3. 被调查者认为家庭纠纷的首要原因是缺乏家庭责任感

在引发家庭冲突和纠纷的主要原因中，被调查者认为“缺乏家庭责任感”是首要原因，占89.5%；其次是“自私自利”，占85.8%；其他依次是“不相互尊重”，占84.6%；“重财轻情”，占73.9%；“经济困难”，占62.8%；“性别歧视”，占62.7%；“享乐主义”，占61.0%（见表32）。

表 32　被调查者认为引发家庭冲突和纠纷的原因

单位：人次，%

原因	频率	个案百分比	排序
自私自利	99527	85.8	2
重财轻情	85783	73.9	4
享乐主义	70751	61.0	7
性别歧视	72786	62.7	6
缺乏家庭责任感	103811	89.5	1
经济困难	72845	62.8	5
不相互尊重	98114	84.6	3
其他	1468	1.3	

三　本次调查的主要结论

（一）家国情怀：家与国根脉相系、命运相连

《礼记·大学》中说："物格而后知至，知至而后意诚，意诚而后心正，心正而后身修，身修而后家齐，家齐而后国治，国治而后天下平。"修身齐家治国平天下，建构出中国人家国情怀的独特精神谱系。被调查者认同"家是最小国，国是千万家，国与家是命运共同体""爱国爱家是每个人都应该具有的情怀"的比例均超过99.0%。

（二）社会风气：好家风是涵养社会风气的重要源泉

家风是一个家庭在世代传承中形成的一种较为稳定的道德规范、传统习惯、为人之道、生活作风和生活方式的总和，是一个家庭内在的精神动力。家庭是社会的基本细胞，家风是整个社会风气的组

成部分，良好家风可以“传染”给社会，成为涵养社会文明好风气的重要源泉。调查结果显示，99.3%的被调查者高度肯定优良的家风对整个社会风气具有积极的促进作用；社会主义核心价值观承载了每个人的美好愿景，赋予新时代家风丰富内涵，97.8%的被调查者赞同应将其作为家庭文明建设的核心内容，在日常生活中落实落细落小。

（三）“四个第一”：父母需要共担家教之责

父母是家庭教育的引导者和实施者，父母的言行、思想观念和文化素质无时无刻不在影响着孩子，从孩子身上，我们总能看到父母的影子。调查结果显示，母亲的自身素质、生活态度、价值取向直接影响着子女的身心健康和品德塑造。而父亲对子女在家国情怀和职业操守养成上更具影响。因此，父母是孩子的“第一任老师”，家庭是孩子人生的“第一课堂”，在帮助孩子“迈好人生的第一个台阶”“扣好人生第一粒扣子”方面，父母只有共担教育责任，形成对孩子和谐互补的影响力，才有可能全方位、最大化地发挥家庭教育的功能。

（四）立德树人：言传与身教塑造好孩子

被调查者认为家庭教育涉及很多方面，但最重要的是品德教育，这关系到培养社会主义建设者和接班人的重大使命。99.7%的被调查者赞同“家庭教育应当重视品德教育、立德树人”。调查结果显示，部分低学历、困境家庭的家长虽然讲不出什么大道理，但他们通过日常生活态度和待人接物方式，用朴实的方式培养出了德才兼备的好孩子；受教育程度较高的家庭则更重视科学施教，他们通过平等尊重、高效沟通等“言传”加“身教”的方式，对孩子进行积极引导和激励。

（五）母亲职责：独特作用凸显女性在家庭中的核心优势

一位诗人曾经说，妈妈和子女的关系就像是月亮和星星、树苗和土壤。任何一个人的一生，无不伴随着母亲一言一行的影响和谆谆教诲，母亲在家庭建设和家庭教育中的作用不可或缺。被调查者认为家庭建设的第一责任主体是家庭自身，尤其是女性或母亲，要充分发挥她们在“弘扬家庭美德”“建设优良家风”“照护家庭成员”“维护家庭秩序”“施行科学家教”“引导家庭消费”“组织家庭生产”等方面的独特作用。

（六）妇联组织：家庭建设的重要推动者

作为党和政府联系妇女群众的桥梁纽带，妇联是家庭建设的重要推动者。家庭是妇联工作的传统阵地和优势领域，做好家庭文明建设工作也是党中央交给妇联组织的重要任务，妇联组织在推进家庭文明建设方面既担负着义不容辞的责任，也具有得天独厚的优势。调查结果显示，近九成被调查者认为妇联在家庭建设中发挥了重要作用。

（七）家庭服务：托幼、养老是重点

被调查者的家庭服务需求丰富多元，最主要的是“建立社区养老的支持系统”“出台家庭建设相关政策”“建立托幼养老机构”“家庭劳动社会化”。年轻被调查者对家庭劳动社会化的需求最高。养老不仅重在“生活照料”，陪伴、包容、理解等“精神慰藉”已成为老人照护急需增加的重要内容。

四　对策和建议

针对本次调查反映的新情况、新问题、新需求、新期盼，提出如下建议。

（一）充分发挥妇联组织的作用，将做好家庭工作作为妇联组织服务大局、服务妇女的重要着力点

调查结果显示，有12.9%的被调查者对妇联在家庭建设中的作用表示“不清楚”或认为“不重要”。尤其是男性被调查者和18～25岁的年轻被调查者，均有近1/5的人表示“不清楚”或认为“不重要”。这一方面说明，妇联组织在推进家庭工作中还需加大力度；另一方面说明还应加大对妇联家庭工作的宣传，特别要对男性群体和年轻群体开展有针对性的传播活动，让“五好家庭”“寻找最美家庭”“家家幸福安康工程”这些妇联组织的特色品牌活动，渗透到每个家庭之中。

（二）加大对新时代家庭观的宣传力度，出台对典型家庭的激励政策，以榜样示范引领家庭文明建设

调查结果显示，初中及以下低学历被调查者对家庭美德的认识更多的还停留在“尊老爱幼、母慈子孝、兄友弟恭”传统美德上；应进一步加强对新时代家庭观的教育和宣传，让社会主义核心价值观融入日常生活，成为家庭美德的重要内容。应进一步加大对“五好家庭”和“最美家庭”等的宣传力度，出台更多典型家庭激励政策，以榜样引领、典型示范，引导广大家庭成员争做文明家庭的参与者、建设者和践行者。

（三）进一步强化生育友好型社会建设，关照女性特殊需求

全面“二孩”政策实施以来，广大家庭特别是双职工家庭在孩子抚养上面临更大压力，普遍面临婴幼儿照顾、低学龄孩子上下学接送、辅导孩子完成作业等困难以及抚育成本加大的困难，急需建立高质量、可及性强的公共育儿服务体系，进一步减税降负，有效缓解家

庭养育负担，从而助力并赋能女性充分发挥其在社会生活和家庭生活中的独特作用。

（四）关注家庭结构变化，研判特殊家庭需求，精准有效给予分类指导、扶持与帮助

随着经济高速发展和社会进一步开放，人员流动不断加快、范围不断加大，价值观念日益多元化，传统家庭结构发生变迁，出现了失独家庭、单亲家庭、空巢家庭、留守家庭等。这些家庭除了面对经济上的困境外，更多的是精神上的孤独和空虚。应加大对这些特殊家庭的调研力度，精准把握这些家庭成员的思想动态、心理需求和生活需要，尽快出台更多的社会扶持政策，同时通过丰富他们的文化生活、开展心理疏导和精神慰藉指导培训，打造分享、交流、联谊平台，帮助他们缓解身心焦虑、精神压力，重塑信念，重树信心，共创美好新生活。

执笔：吴宝丽，中国妇女杂志社副社长，中国妇女报刊协会副会长，文学学士，公共管理硕士；张明明，华坤女性生活调查中心项目主管，硕士，中级统计师；刘哲，华坤女性生活调查中心调查分析员，历史学学士，法学硕士。

B.4

形体透视生活

——城市女性形体健康管理状况调查报告

中国家庭文化研究会　中国妇女杂志社　北京兰超形体健康管理科技研究院

摘　要：　对3868位18～65岁城镇女性的调查结果显示，被调查女性平均身高158.6厘米，平均体重58.8千克；体重指数值在正常范围的，占61.7%；腰臀比均值为0.82，近六成属于中心性肥胖；人体脂肪率超标的，占75.1%；蛋白质含量、无机盐含量、身体总水分处于正常水平的，分别占67.0%、72.4%和67.1%。身体姿态不良的，占70.0%，包括驼背，颈椎前倾、侧倾，脊柱弯曲，内八字或外八字脚。55.1%的被调查女性制订过健身计划，但运动频率为每周3次或3次以上的，仅占28.6%，65.0%的女性锻炼时长不达标。以100分为最高分值，被调查女性形体健康指数均值为71分。应加强美育，树立科学理念，践行健康生活方式，提升女性形体健康管理水平，让女性更加健康美丽。

关键词：　城镇女性　形体健康管理　形体健康指数

对于追求生活品质和审美情趣的人来说，形体健康管理不仅关乎外在形象，也反映着一个人的健康水平和内在素养。保持形体健康，优雅自信、健康向上地享受美好生活，已经成为女性普遍追求。

有关研究表明，影响女性形体美的主要因素包括审美、心理、营养、运动以及服饰化妆等方面，认知不当或是行为习惯不正确，都将直接影响人的形体健康和形体美。宏观地看，女性的形体健康状况还能反映出一段时期内社会经济、文化认知、生活方式等方面的状况。

为了摸清中国女性形体健康的现状，进一步探索形体健康背后的行为习惯、社会认知，甚至是经济社会发展状况等深层因素，在中国家庭文化研究会、中国妇女杂志社指导下，北京兰超形体健康管理科技研究院开展了“女性形体健康管理状况调查”。

一　本次调查的基本情况

1. 调查时间

2020 年 6 ~ 8 月

2. 调查区域[①]

依托北京兰超形体健康管理科技研究院分布在全国主要城市的检测网点开展，除西藏、内蒙古、青海、新疆、香港特别行政区、澳门特别行政区、台湾地区外，本次调查共覆盖 28 个省/直辖市/自治区。

3. 调查方法

完成“形体健康管理行为认知问卷”，同时完成对形体健康认知的访谈。

① 由于采用征集被试的方式收集样本，各地区样本分布不均匀的情况不可避免，为消除由此的偏离影响，课题组根据国家统计局编写的《中国统计年鉴——2018》对各地区的人口分布进行了加权处理，使各地区的样本人口分布比例符合全国的人口分布情况。

完成身体数据测量①。

（1）测量被调查女性的人体成分（使用设备为 InBody 570）

（2）测量被调查女性的身体围度数据，并形成三维立体模型（使用设备为 Size Stream）

（3）具体测量方法：本次调查中，身体数据测量均按照 ISO 国际标准（腿长、驼背角和高低肩差除外），具体测量方法如下。

身高：身体站得笔直，双脚并拢，从地板到头部的最高点的垂直距离。

上胸围：身体站直，将软尺经过乳房最高点水平测量一圈。

下胸围：身体站直，将软尺绕乳房最底部一圈。

腰围：躯干在最低肋骨和髂前上棘中间的水平圆周，在肚脐上 2 厘米，将软尺贴身测量一圈。

臀围：在臀部最丰满处，用软尺水平围量一周的长度。

腿长：根据人体测量学的腿长定义，应包括股骨与胫骨的长度，实际测量中以臀部最高点到地面的距离作为腿长。

驼背角：后颈点（脊椎和颈椎的交点）和后背点（二头肌中水平线和后背垂直中线的表面交点）做连线，经后背点垂直切线，这两条线的夹角。

高低肩差：身体站直，手臂自然下垂，两个肩顶点的高差。

4. 样本数量

调查共收集 4341 个样本，其中有效样本 3868 个，有效率

---

① 本调查由于在采集被调查者的身体数据时使用精密仪器，同时涉及裸体采集数据的特殊性，不便也不可能使用常规的随机抽样方法获取样本。因此，课题组使用了与临床医学、心理学、运动生理学等研究相同的征集被试方式，在被试对象的知情同意下，采集其个人基本信息、形体健康认知与态度、身体表征数据、身体成分数据。被试入组的条件为 18～65 岁，对管理自身形体、形象有需求的女性。至于对身高、体重、所在地区、职业、学历等人口学特征则不做限制。

为89.1%。

5. 调查对象

18～65岁的城镇女性人口。

二　被调查者的基本信息

1. 年龄：以30～39岁中青年女性为主体人群

从60岁及以上的“50后”到19岁及以下的“00后”，被调查女性的年龄跨度较大。数据显示，30～39岁组的比例最高，占比37.9%；其次是40～49岁组，占比28.4%；再次是20～29岁组，占比19.8%；50～59岁组，占比10.4%；19岁及以下组占比2.8%；60岁及以上组占比0.8%（见图1）。

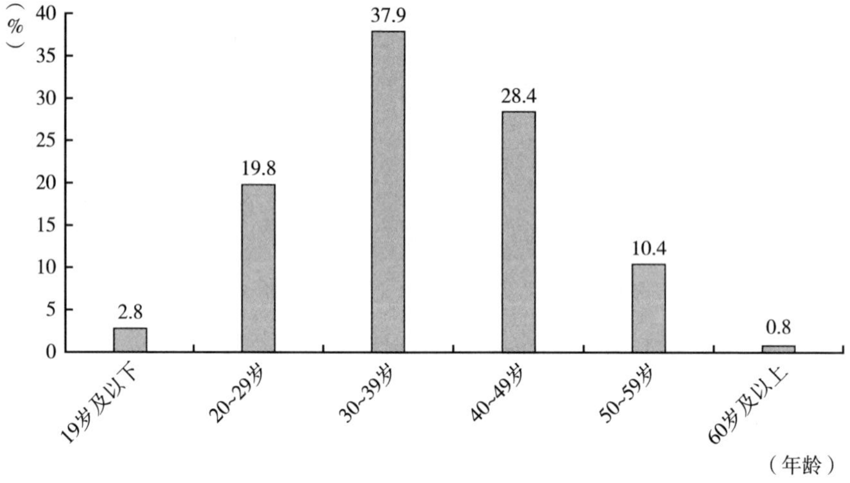

图1　被调查女性的年龄分布

2. 收入：近六成被调查女性属高收入人群

被调查女性的平均月收入涵盖了低收入和中高收入阶层。月收入在10000元以上的占比最高，为29.4%；其次是5000～10000元的，占比 29.3%；5000 元以下的，占比 28.6%；无收入的，占比 12.7%（见图 2）。

根据《中国统计年鉴——2018》，全国城镇职工的收入水平从高至低分为 5 档，月薪分别为 6424.8 元、3763.6 元、2815.1 元、2045.8 元及 1143.6 元。本次调查数据显示，58.7% 的被调查女性属于高收入人群。

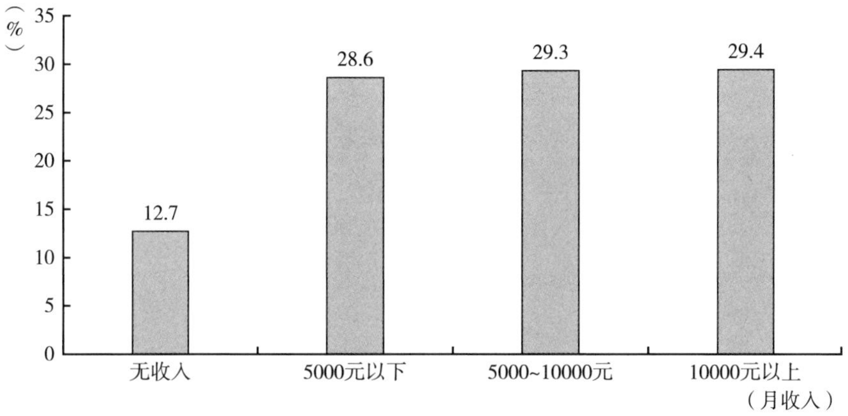

图 2　被调查女性月收入情况分布

3. 教育程度：超四成被调查女性拥有大专及以上学历

数据显示，被调查女性受教育程度：初中学历的被调查女性占比最高，为 30.9%；高中/中专学历的居其次，为 25.7%；大专和本科学历的，分别为 19.0% 和 18.9%；硕士及以上学历的，为 5.5%。拥有大专及以上学历的，占比为 43.4%（见图 3）。

4. 职业：六成被调查女性从事服务业

被调查女性的职业涉及领域多样，超三成（33.0%）选择了“其他”（个体经营、自由职业）；其次为服务性工作人员（如客服、服务员），占比 14.6%；再次是商业工作人员（如营业员、销售人员），占比 13.1%；这三类人员合计占比 60.7%。企事业单位工作的

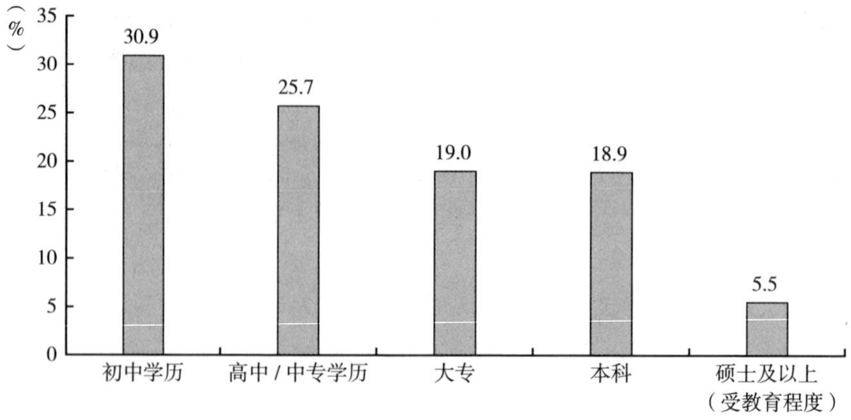

图3　被调查女性受教育程度

工作人员，占比11.5%；家庭主妇、专业技术人员、学生等均占一定比例（见图4）。

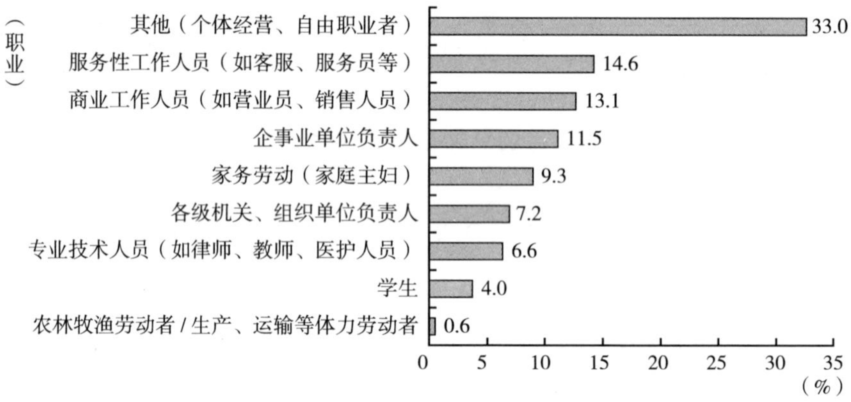

图4　被调查女性的职业分布

本次调查一方面从接受过相关形体健康管理的人员的数据库中抽取被调查者，同时，因本调查涉及被调查女性身体数据的裸体采集，她们的配合度在某种程度上可理解为接受形体健康管理的意愿，由此得出以下几个判断。

——从年龄来看，相对于青少年和老年女性，30～39 岁的中青年女性更愿意了解自身形体健康状况，也更愿意接受形体健康管理。究其原因，一方面，仍处于生长期的青少年女性尚未将形体健康管理列入比较重要的日程；老年女性则更加关注身体健康；而中青年女性无论是从生理状态、心理认知，还是从家庭维系、工作社交等方面，对形体健康的需求都更为强烈，因此她们构成了本次调查的主体人群。

——从收入来看，本次调查数据显示，58.7%的被调查女性属于高收入人群。相对于无收入女性，有收入女性更有能力接受形体健康管理，也更愿意在形体健康上投资。

——从受教育程度来看，调查结果显示，受教育程度没有影响被调查女性对形体美和形体健康的追求。

——从职业状况来看，调查结果显示，60.7%的被调查女性在服务行业从业，且多为个体经营者、服务员、营业员或销售人员，职业特性要求她们更加关注自己的仪容和形体。

三　本次调查的数据呈现

本部分内容将对被调查女性基本的身体指标情况，包括身体维度和人体成分含量等体征指标进行分析。

1. 身高和体重：体重随年龄增长

调查结果显示，被调查女性的平均身高为 158.6 厘米，各个年龄层的平均身高差距仅在 0.5 厘米之内。

被调查女性平均体重为 58.8 千克。随着年龄增长，被调查女性的平均体重逐渐增加。

根据 2015 年 6 月 30 日国务院发布的《中国居民营养与慢性病状况报告（2015）》，我国女性（老年人、中年人、年轻人）的平均身高为155.8厘米，平均体重为57.3千克。[①] 本次被调查女性的身高和体重都略高于全国女性平均水平。调查结果表明，被调查女性的平均体重随着年龄的增长而增加，在身高不变的情况下，需要特别重视对体重的控制。

2. 体重指数（BMI）：超半数在正常范围内

BMI（全称为Body Mass Index）为身体质量指数，又称体质指数或体重指数，是用体重千克数除以身高米数的平方得出的数字，是目前应用最为广泛的衡量人体胖瘦程度以及是否健康的一个标准。研究表明，体重指数（BMI）数值增高，会直接增加死亡风险，BMI超过40，死亡风险将是普通人的250.0%。

为了制定适用于我国人群的超重肥胖判定标准，国际生命科学学会中国办事处中国肥胖问题工作组根据我国人群大规模测量数据，汇总分析了体重指数（BMI）与相关疾病患病率的关系，提出判断中国成人超重和肥胖程度的界限值（见表1）。

表1　不同标准的体重指数（BMI）值比较

分类		世界卫生组织（WHO）标准	亚洲标准	中国标准
体重过低		<18.50	<18.5	<18.5
体重正常		18.50~24.99	18.5~22.9	18.5~23.9
超重（肥胖前期）		25.00~29.99	23.0~24.9	24.0~27.9
肥胖	一级肥胖	30.00~34.99	25.0~29.9	≥28.0
	二级肥胖	35.00~39.99	≥30.0	
	三级肥胖	≥40.00		

① 2015年6月30日国务院新闻办公室发布的《中国居民营养与慢性病状况报告（2015）》显示，女性（老年人、中年人、年轻人）平均身高为155.8厘米，平均体重为57.3千克。

本分析报告采用中国肥胖问题工作组的分类。被调查女性的体重指数（BMI）值在正常范围的人数比例最大，为 61.7%；体重过低的人数比例为 4.7%；体重超重和肥胖的人数占比分别为 26.4% 和 7.2%（见图 5）。

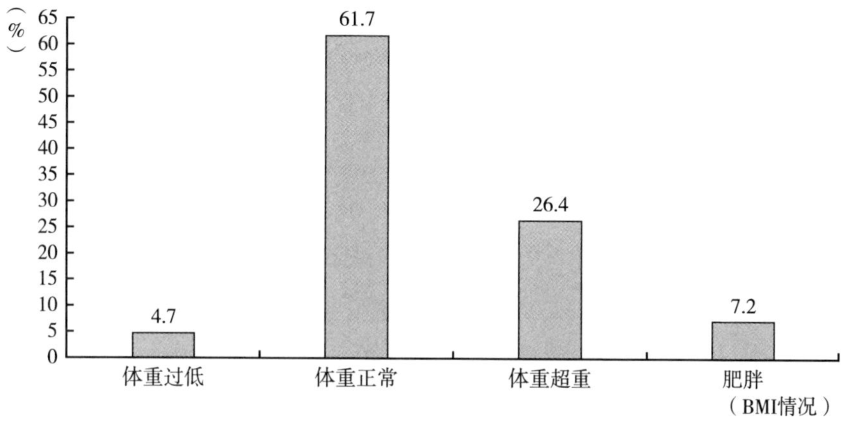

图 5　被调查女性体重指数（BMI）情况

3. 腰臀比(WHR)：超半数超标①②

WHR（全称为 Waist-to-hip Ratio），是腰围和臀围的比值。

即使是外表苗条的人，也很有可能在体内堆积大量脂肪，这些内脏脂肪通常聚集在心脏、肝脏和胰脏周围。过多的内脏脂肪会增加罹

① 腰臀比（WHR）：腰围与臀围的比值。因为这是一个比值，没有任何单位，无论任何身高，腰臀比的范围都是相同的。世界卫生组织（WHO）表明，腰臀比可以作为判定中心性肥胖的直接指标，当男性腰臀比超过 0.9、女性超过 0.85 时，可以直接判定为中心性肥胖。根据美国卫生署糖尿病、消化性疾病和肾病国家研究所（NIDDK）的指标，男性超过 1.0，女性超过 0.8，即为肥胖症。同时，根据研究结果，腰臀比的超标直接与 II 型糖尿病相关。

② 腰高比（WHR）：腰围和身高的比例，也是为了补充 BMI 和腰围对于身体健康情况评估的不足而提出的。40 岁以下的人，WHR 不要超过 0.5；40～50 岁者，则不超过 0.5～0.6；50 岁以上者，最低的临界点始于 0.6。

患糖尿病、心脏病和高血压的风险。

由于体重指数（BMI）通用的标准范围没有考虑到人体的脂肪比例，不适用于孕妇、哺乳期妇女、老人和健硕的运动员，也不能体现脂肪在人体内具体的分布情况。因此需要配合另一个判断肥胖的指标——腰臀比（WHR）来确定被调查女性的肥胖情况。腰臀比可以检验腹部脂肪堆积的程度，是预测肥胖程度的指标，比值越小，说明越健康。腰围尺寸大，表明脂肪分布于腹部的情况越突出，是危险较大的信号。根据中国肥胖工作组的标准，女性腰臀比（WHR）≥0.8 即为中心性肥胖。

调查结果显示，被调查女性腰臀比（WHR）<0.8 的比例为 41.7%；腰臀比（WHR）≥0.8 的比例为 58.3%。也就是说，近六成被调查女性存在不同程度的中心性肥胖情况（见图 6）。

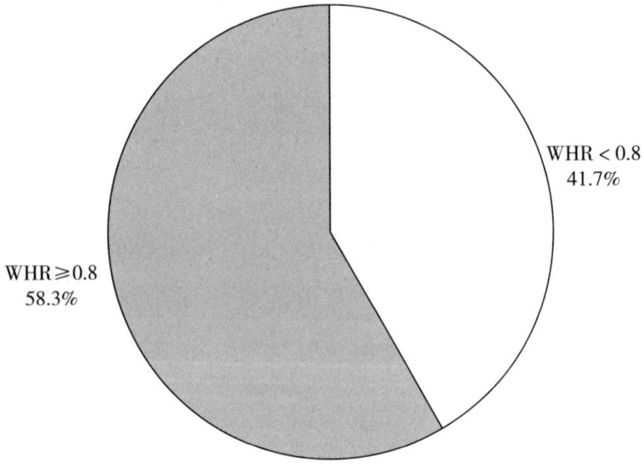

图 6　被调查女性的腰臀比（WHR）

进一步研究发现，在体重指数（BMI）正常的人群中，仍有 48.6% 的女性腰臀比（WHR）超标（见图 7）。简单来说，即便体重指数（BMI）正常，如果脂肪分布不均匀或者大量堆积在腹部，仍会影响形体美，同时，这部分被调查女性还存在健康风险。

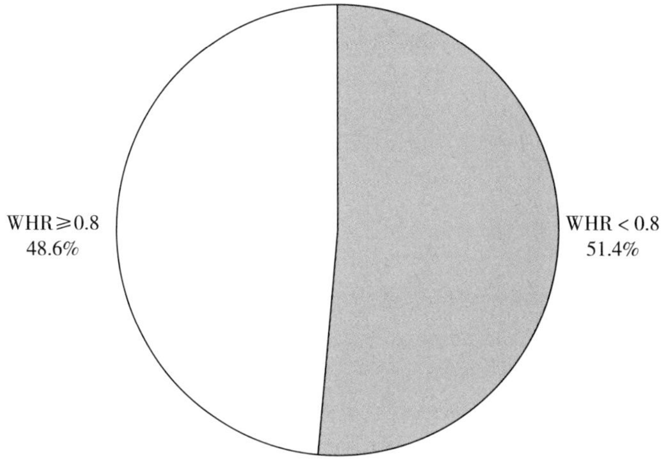

图 7　体重指数（BMI）正常的被调查女性的腰臀比（WHR）

4. “三围”：腰围对形体健康影响最大

在诸多身体围度中，对女性形体影响最大的是胸围、腰围和臀围这三个围度。三围比例决定了女性的基本体形，同时最能反映女性的身体健康状况。

调查结果显示，被调查女性的胸围、腰围和臀围平均值分别为 85.5 厘米、70.1 厘米和 89.5 厘米（见图 8）。值得注意的是，被调查女性的腰围均值是 70.1 厘米，与标准均值 62.2 厘米差距较大。

5. 体成分：超七成被调查女性体脂超标

外部形体状况能够直接反映身体内在体成分含量和分布状况，特别是腰围与体脂肪率直接相关。因此，在关注身体围度指标的同时，更要重视身体中各种成分指标是否符合标准，符合标准才能达到外形和内在成分的双重健康，实现真正的“内外兼修”。本次调查采集的体成分数据包括体脂肪率、蛋白质、无机盐和身体总水分等。

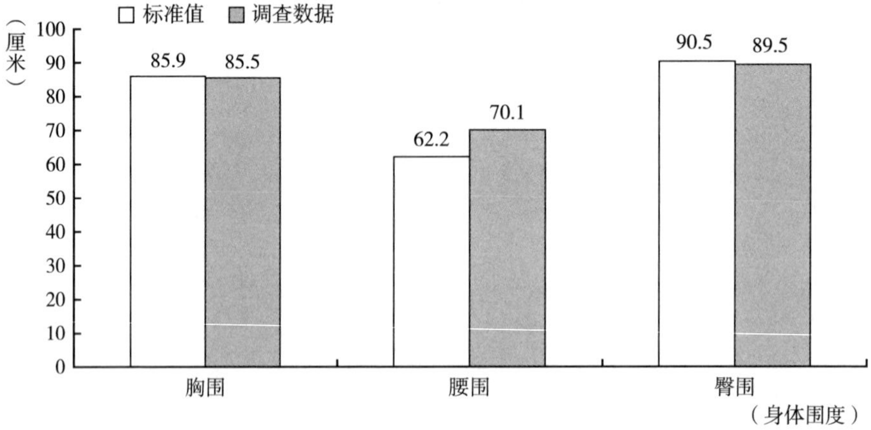

图 8　被调查女性的身体围度与标准围度的比较

体脂肪率：反映的是身体中脂肪重量在体重中的占比，正常比值范围应为 18.0% ~28.0%。调查结果显示，被调查女性体脂肪率的均值是 32.0%，75.1% 的被调查女性体脂肪率超标，体脂肪率正常的被调查女性仅占 24.6%（见图 9）。体脂肪率偏高，不仅增加罹患慢性代谢性疾病的风险，对于育龄女性来说，还易引起妊娠并发症与难产。

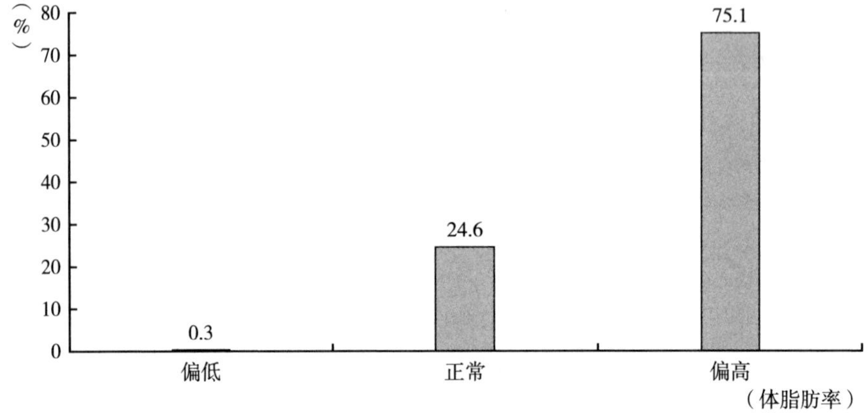

图 9　被调查女性的体脂肪率

根据2016年《柳叶刀医学周刊》（*Lancet Medical Journal*）的数据，2016年中国的肥胖人口接近9000万人，男女比例各半，中国整体肥胖人口已经超越美国，成为肥胖人口最多的国家。换言之，每15名中国女性之中就有一名肥胖女性，而这个数字还在持续上升。

蛋白质含量：蛋白质含量除了与肌肉含量密切相关，还能反映营养状况是否良好。调查数据显示，67.0%的被调查女性蛋白质含量处于正常水平，29.7%处于偏低水平，偏高的比例为3.3%（见图10）。

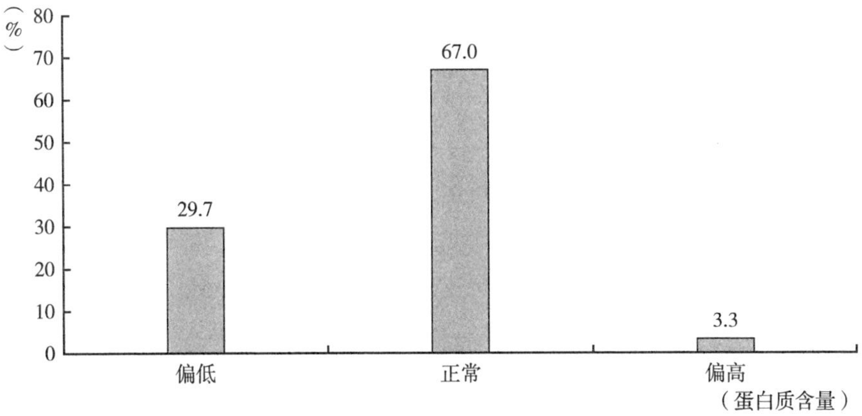

图10　被调查女性的蛋白质含量

无机盐：通俗地说，就是人体内的多种矿物质，其含量与骨骼健康关系十分密切。调查结果显示，72.4%的被调查女性无机盐含量属于正常水平，24.1%偏低，3.5%偏高（见图11）。

身体总水分：身体总水分比例过高，表明身体可能发生了水肿或者肥胖，如果低于标准，皮肤则会干燥并加速衰老。调查结果显示，处于正常水平的被调查女性占比为67.1%；偏低的，为29.4%；偏高的，为3.5%（见图12）。

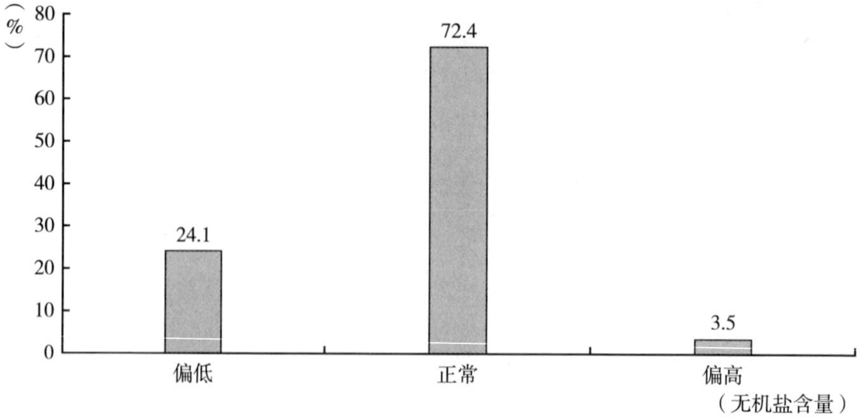

图 11　被调查女性的无机盐含量

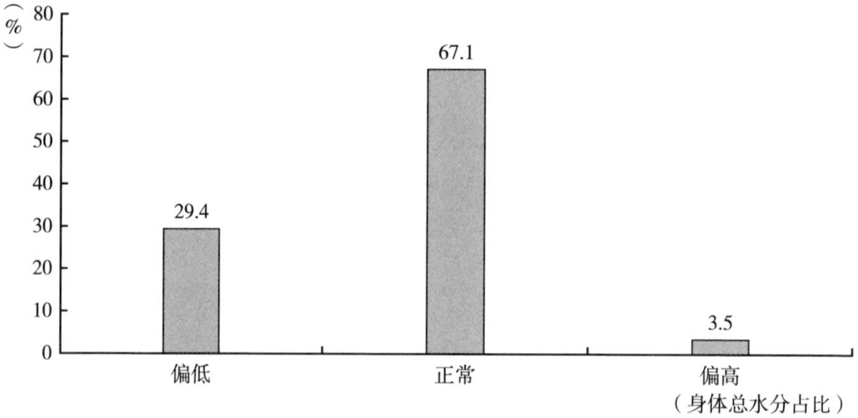

图 12　被调查女性的身体总水分情况

由此可见，被调查女性除普遍体脂肪率偏高以外，其他几项指标多属正常范围。

6. 体态：七成被调查女性体态不佳

除了先天的骨骼构成之外，气候环境、区域文化、生活方式等因素也会给人的体态带来影响。不良体态是降低形体健康水平的重要因素，如腰椎间盘突出、脊柱侧弯等身体骨骼疾病都是由不正确的体态造成的。

调查结果显示，70.1%的人或多或少都存在身体姿态不良的情况，“没有不良身体姿态”的，占比为29.9%（见图13）。

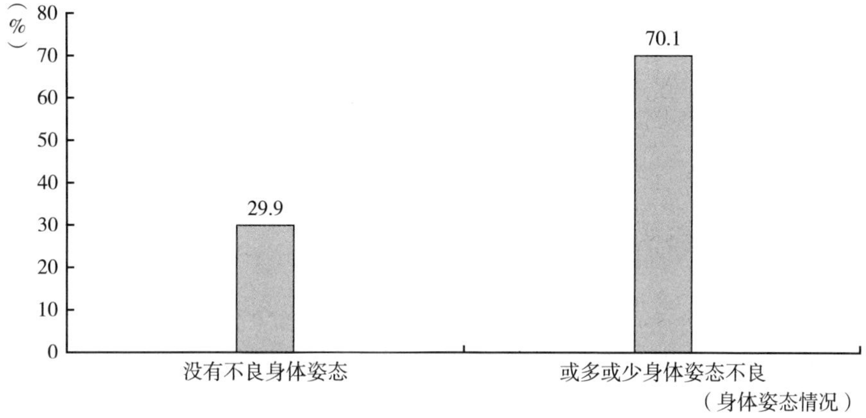

图13　被调查女性的身体姿态

在七成出现不良身体姿态的被调查女性中，发生驼背情况的，占比52.5%；颈椎前倾、侧倾的，占比46.7%。这两种不良姿态出现的比例较高。此外，脊柱弯曲的，占21.6%；内、外八字脚的，占9.0%（见图14）。

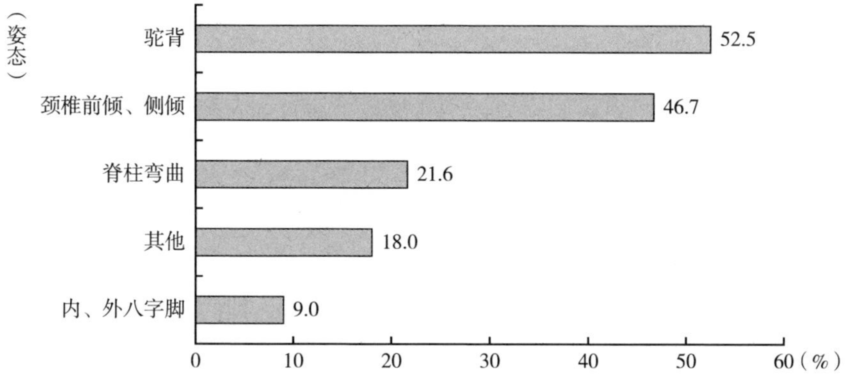

图14　被调查女性不良身体姿态

经测量，被调查女性的双肩高低差均值为0.8厘米。另外，驼背也是比较突出的不良体态之一。被调查女性的驼背角均值达到10.2度（见表2）。

表2 被调查女性高低肩差与驼背角均值

不良体态	均值(厘米)	不良体态	均值(度)
高低肩差	0.8	驼背角	10.2

研究表明，左右肩部高度不同，外在表现为形体不佳，同时可能导致颈椎弯曲、脊柱退化，进而造成肩颈痛、腰痛、头痛等，需要及时矫正。长时间驼背会给脊椎造成压力，除了影响脊柱健康，还会影响一个人的形体美感和气质。

从以上数值和占比来看，虽然被调查女性的体重指数（BMI）数值比较正常，但是与更多的形体健康衡量参数进行对照时我们便会发现，一个简单的体重指数（BMI）数值并不能全面、深入地反映女性的形体状况和健康状况。

一方面，即使体重指数（BMI）正常，身体围度和体成分也很可能并不理想；另一方面，有部分女性身体围度指标很理想，即“身材很好”，但体成分构成不均衡，这同样会拉低其形体健康的整体分值。而围度的失衡、中心性肥胖的突出，以及不良体态的普遍存在，是被隐藏在相对正常的体重指数（BMI）数值之下的，是影响形体美和形体健康的更主要因素。因此，应积极引导女性树立形体美和形体健康的正确观念，同时有必要建立一套完整的形体健康综合评价指标体系，以此指导女性塑造更加完美的形体，创造更加健康的生活。

四　本次调查的主要发现

1. 母亲对家庭成员的形体健康影响最大

调查结果发现，在直系亲属肥胖相关性方面，母亲体重对被调查女性的体重影响非常大。调查结果表明，子代体重是否超标与母亲体重是否超标有较大关联，如果母亲体重超标，被调查女性体重超重的比例为27.0%，达到肥胖程度的比例为39.7%，合计达66.7%，而其他直系亲属如父亲则对被调查女性的影响远低于母亲。

究其原因，一方面，通过母亲，不可抵抗的基因遗传力量影响着后代的形体状况；另一方面，妈妈是提供家庭饮食的主要角色，“妈妈的味道”让我们永久怀恋，母亲的饮食习惯和烹饪习惯在很大程度上影响着家人的形体健康状况。无论从先天因素还是从后天影响来看，“妈胖胖一家”的确是较为普遍的现象。

2. 行动落后于认知：口是身非

“口是身非”是大多数现代人的通病。调查结果发现，在观念和态度层面，绝大多数被调查女性对形体健康的观念区分和行为辨别均具备正确的认知，清晰地知道“好”与“坏”的分别。但是进入行动层面时，正向积极的认知态度迅速转变为随性、无序的生活方式和形体管理行为。问题尤其集中在饮食习惯的建立和运动的科学性、持续性方面。

（1）膳食均衡

——认同膳食均衡却忽视热量摄入。在日常饮食方面，有51.7%的被调查女性选择“要荤素搭配，合理饮食”（见图15），但在被询问是否关注食物热量时，选择“非常不关注”和“不关注”的占比超过一半，达57.0%（见图16）。过多的热量摄入，正是造成身体肥胖的主要原因，也是日常饮食最需要注意的问题。

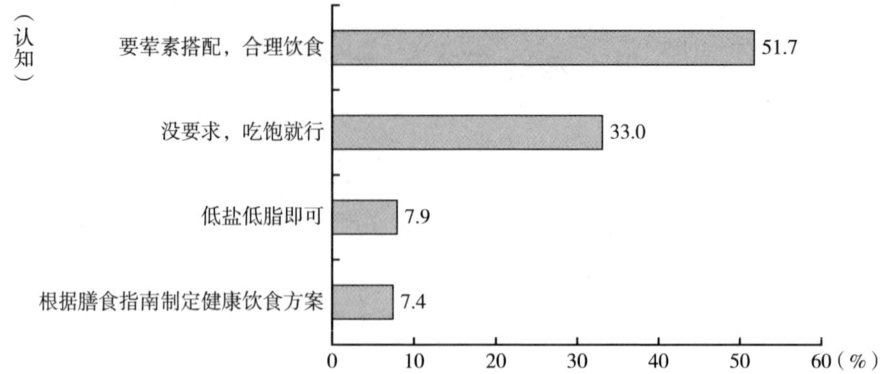

图 15　被调查女性对日常饮食的认知

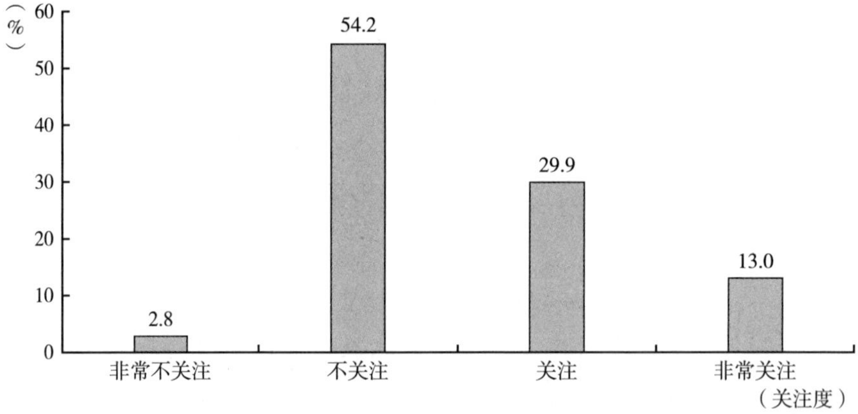

图 16　被调查女性对热量摄入的关注度

——边节食减肥边零食不断。调查结果显示，大部分被调查女性认为，减肥期间最需要注意的是不吃高热量食物（见图 17），但分不清哪些是高热量食物；此外，有 79.0% 的被调查女性有吃零食的习惯（见图 18）。

其实，大部分零食属于高热量食物。吃零食并不意味着完全不健康，而是要选择在正确的时间吃正确的零食，有正确的摄入量，才是正确的健康管理之道。

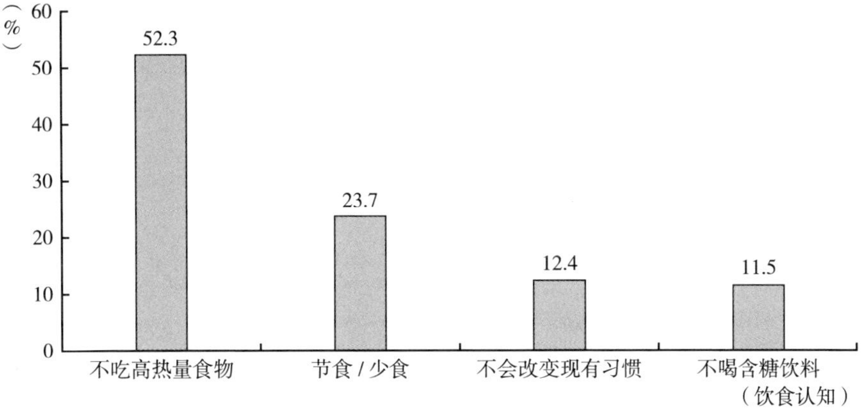

图 17　被调查女性对减肥期间饮食调整的认知

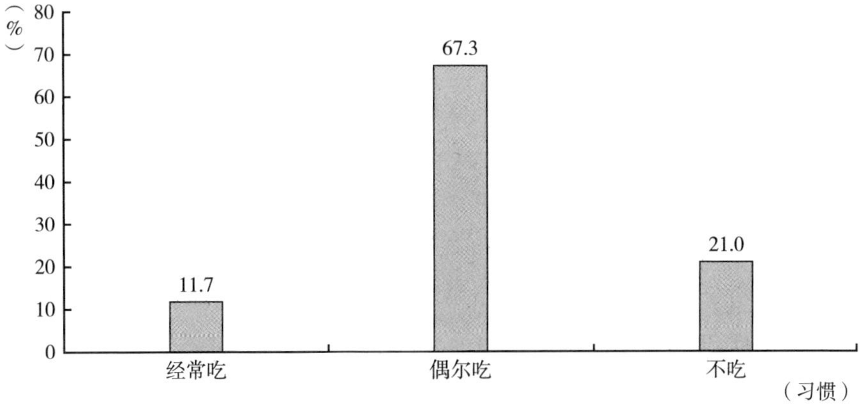

图 18　被调查女性吃零食习惯状况

（2）运动健身

俗话说“三分动，七分吃”，要达到理想的形体健康状态，均衡膳食与科学规律的运动是双重保障，如果在饮食方面缺乏专业的信息和指导，导致达不到理想的形体状态，也可以通过定期运动将多余的热量消耗掉。但调查结果发现，体现在运动健身方面，“口是身非”同样突出。

调查结果显示，超过一半（55.1%）的被调查女性都制订过健身计划（见图19），但由于缺乏专业知识和指导，这些健身计划在健身频率、时间长度和运动类型上既不科学也不合理。对于正常的成年人来说，保持每周3次以上、每次60分钟左右、有氧与无氧相结合的运动方式，才能达到有效健身或塑形的效果。

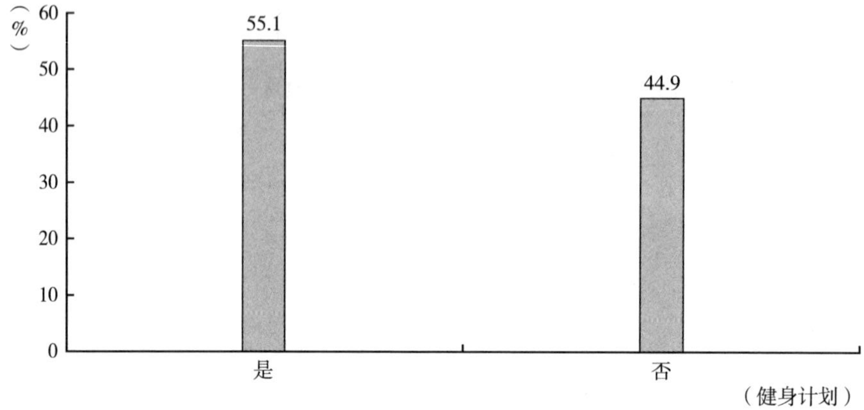

图19　被调查女性制订健身计划的情况

——运动频率。调查结果显示，只有28.6%的被调查女性达到一周3次或以上的运动频率，而53.9%的被调查女性选择“无规律”，还有17.5%的被调查女性一周仅运动2次或1次（见图20）。

——运动时长。调查结果显示，每次运动在20分钟以下的，占比45.4%；20～40分钟的，占比19.6%，合计为65.0%（见图21），也就是说，超过六成的被调查女性虽然注重运动，但因每次达不到时长要求，运动起不到塑形瘦身或健身的效果。

——运动类型。调查结果显示，73.0%的被调查女性选择有氧运动（见图22）。根据运动专家观点，要想达到塑造健康优美形体之目的，仅靠有氧运动是无法实现的，必须在专业教练指导下，有氧、无

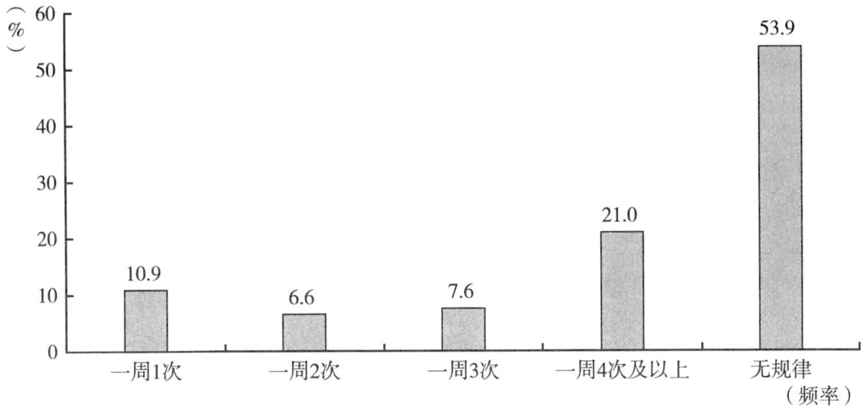

图 20　被调查女性每周运动频率

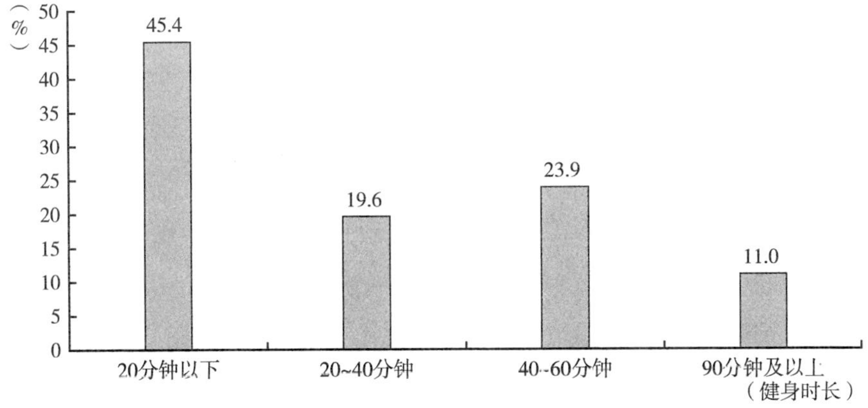

图 21　被调查女性每次运动时间

氧运动充分结合，还要持之以恒。

部分被调查女性对于形体健康的管理，尤其在饮食和运动方面，存在“口是身非”的情况。也就是说，被调查女性对于健康具备基本的认识，也怀有美好的意愿，但是由于各种原因不能践行健康的生活方式，因此很难拥有优美而健康的形体。被调查女性在认知与行为之间的鸿沟从一个侧面印证了在形体健康管理方面，大多数女性的确需要更科学、更严格的引导和管理。

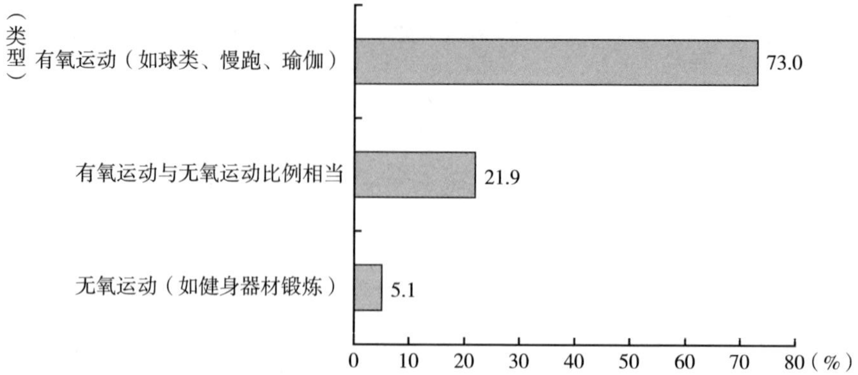

图 22　被调查女性对运动类型的选择

3. 中心性肥胖趋势较集中

腰臀比（WHR）是判定中心性肥胖的重要指标，也是预测女性生育力和评价女性吸引力的重要尺度。所以，无论从病理、生理方面还是从美学方面，拥有完美的腰臀比都是女性形体健康管理的关键。

有关研究资料指出，女性腰臀比的理想范围是 0.67～0.80，而本次被调查女性的均值为 0.82，不仅超出了健康范围，而且已属于中心性肥胖的指标。

此外，腰高比也是判定中心性肥胖的重要指标，数据显示，被调查女性的腰高比与标准值相当，属于正常与肥胖的临界值，但总体情况并不乐观（见图 23）。

图 24 反映的是体重指数（BMI）正常但腰臀比偏高的被调查女性的脂肪分布情况。可以看出，对于这类“准胖”人群而言，躯干脂肪偏高的状况更为突出，即中心性肥胖的问题更加集中。

由此可见，对自身脂肪总量及脂肪分布的管理应该更优于对体重的管理，“内外兼修”才是塑造健康形体的正确方式。

4. 体成分：30岁成为分水岭

在众多的人体成分中，体脂肪率、蛋白质含量、无机盐含量和身

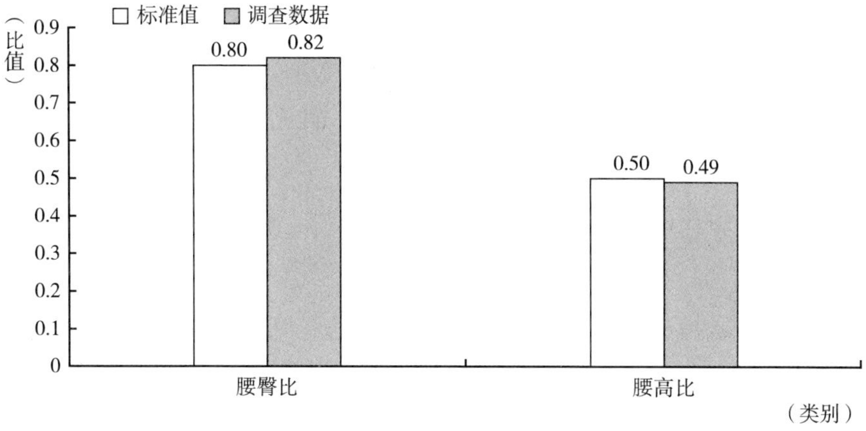

图 23　被调查女性的腰臀比、腰高比与标准值的比较

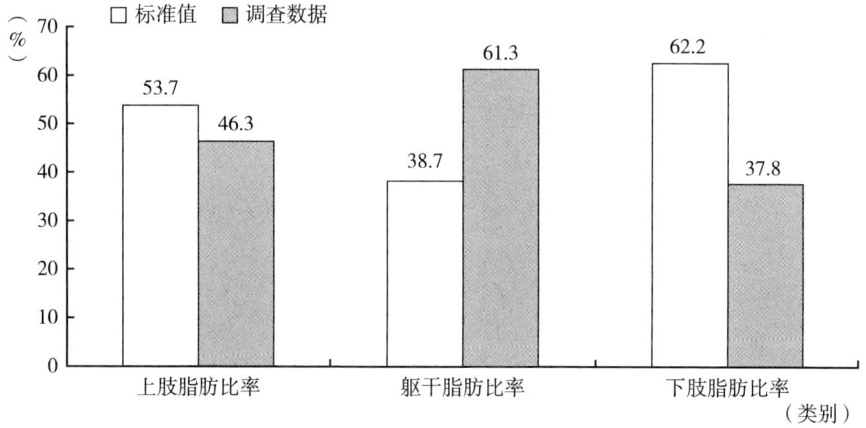

图 24　被调查女性体重指数正常，腰臀比偏高，上下肢和躯干脂肪率情况

体总水分对于形体健康的影响更大，也是反映形体健康状况的重主要指标。

调查结果显示，被调查女性的蛋白质含量、无机盐含量和身体总水分在 30 岁之前比较稳定，三十而立后则集体出现“跳水”，与此形成鲜明对照的是，体脂肪率在 30 岁后“高歌猛进”。

蛋白质、无机盐和水分比例合理，可以让女性看起来更加水灵白嫩、骨骼强韧；体脂肪率高，会让人显得臃肿，两者的趋势变化点都在30岁时出现，因此，30岁是女性不得不直面的一道分水岭。

五　形体健康指数（BHI）排行榜

形体健康指数（Body Health Index）是北京兰超形体健康管理科技研究院在美学、运动学、营养学、医学、人类学等领域专家指导下，研发的一项能够科学反映女性形体健康及管理状况的指数。指数架构整合了三维人体扫描数据及人体成分测量数据，不仅能反映女性外在形体美，而且融合了内在人体成分状态，能够更加综合地从健康风险和审美角度，科学、客观地评价女性的形体健康与管理状况。

以100分为最高分值，调查结果显示，被调查女性的形体健康指数均值为71分。为70～75分的占42.7%；75～80分的比例为22.3%；低于70分的比例为34.5%；而高于80分的比例仅为0.4%（见图25）。由此可见，女性的形体健康还有非常大的提升空间。

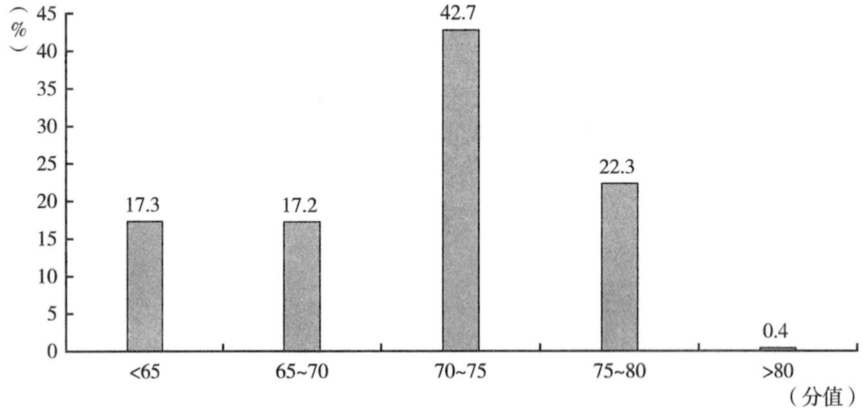

图25　被调查女性的形体健康指数

将被调查女性的基本情况与形体健康指数对比后发现，西北地区、30 岁左右、每月收入高于 1 万元、学历较高以及未婚、未育的被调查女性形体健康指数较高。

1. 不同区域女性形体健康指数比较：西北地区被调查女性胜出

不同区域被调查女性形体健康指数见图 26。排在前三位的分别是西北地区、华南地区和华中地区，排在后三位的分别是东北地区、华北地区和西南地区，但各地区分值相差并不大。

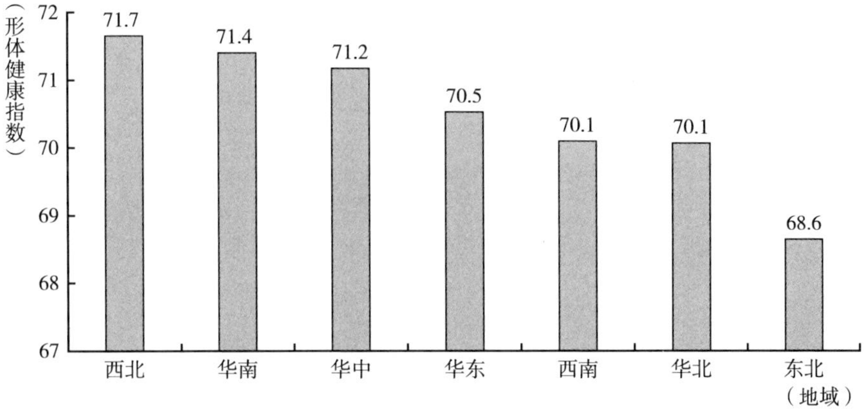

图 26　不同区域被调查女性的形体健康指数比较

2. 不同年龄女性形体健康指数比较：30～39岁被调查女性评分最高

被调查女性的形体健康指数随着年龄的增长呈现先升后降的趋势，30～39 岁组形体健康指数最高（见图 27）。30～39 岁组被调查女性正处于事业高峰期，有较强的经济实力，同时频繁的商务、社交活动使她们更加注重自身形象，从而对形体健康管理具有较高需求。年龄增长、生育和疾病等是造成女性形体健康指数下降的主要因素。

3. 不同收入与教育程度女性形体健康指数比较：高收入、高学历的被调查女性位居前列

调查结果显示，收入越高、文化水平越高的女性，其形体健康指

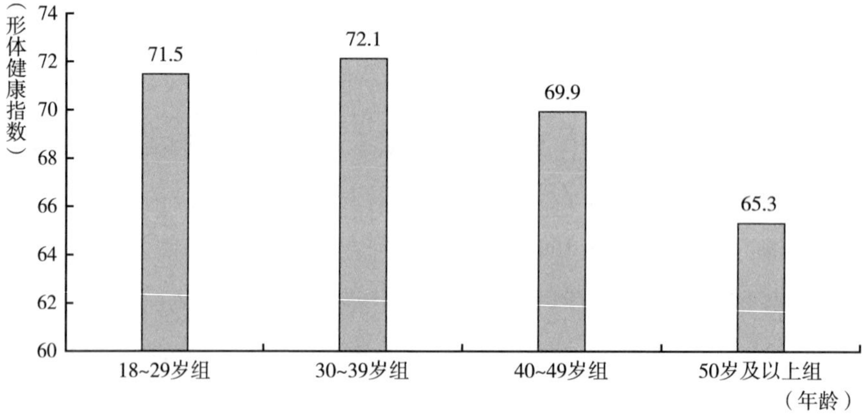

图 27　不同年龄组被调查女性的形体健康指数比较

数的评分越高（见图 28、29）。不同阶层的女性，其思维方式和行为方式存在较大差异，收入和文化水平直接影响着她们的行为和态度。高收入、高学历女性对生活品质的追求更高，她们也有较高的认知和能力去投资形体健康。

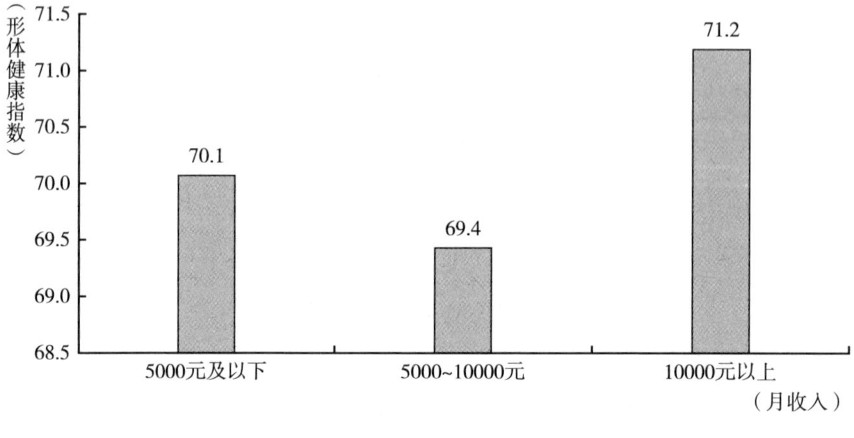

图 28　不同收入被调查女性形体健康指数比较

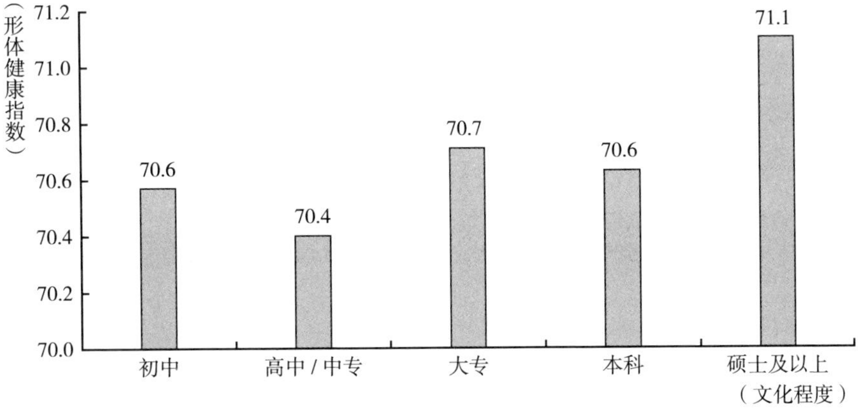

图 29　不同学历被调查女性形体健康指数比较

4. 不同职业女性形体健康指数比较：服务业被调查女性优势明显

对比不同职业被调查女性的形体健康指数，排在前三位的分别是服务性工作人员、农林牧渔劳动者和专业技术人员，她们的评分几乎一致。家务劳动者、企事业单位及机关负责人等排在靠后位置（见图 30）。

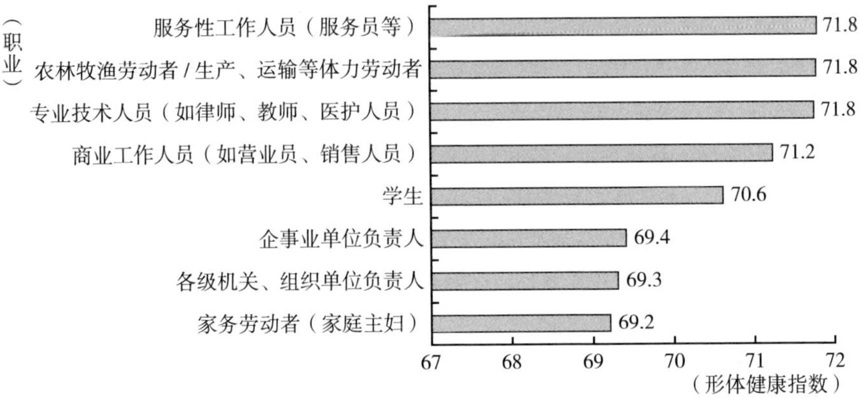

图 30　不同职业被调查女性形体健康指数比较

5. 不同婚姻状况女性形体健康指数比较：已婚被调查女性评分较低

调查结果显示，相比已婚人群，未婚和离异女性的形体健康指数更高（见图31）。

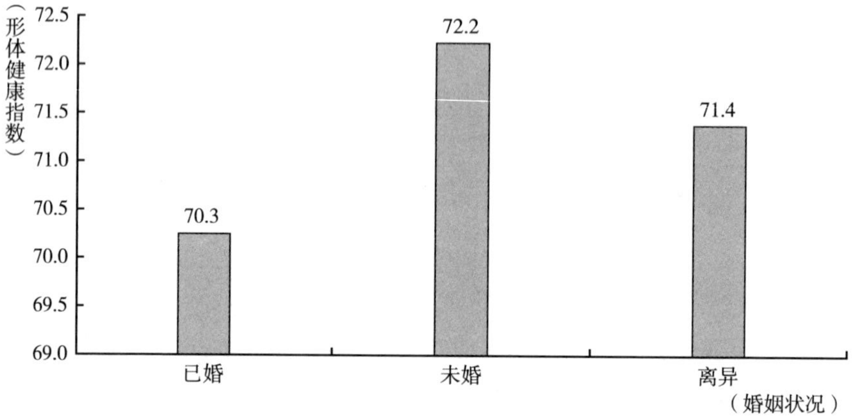

图31　不同婚姻状况被调查女性形体健康指数比较

6. 不同生育状况女性形体健康指数比较：生育并不影响形体美

一般认为，生育会对女性的形体造成较大影响，但调查结果显示，虽然未生育过的被调查女性评分略高，但与已生育的被调查女性评分差距不大（见图32），这一方面反映已生育女性更加重视形体恢复并取得较好效果；另一方面说明只要有管理形体健康的意愿和科学的指导，“管住嘴”并且“迈开腿”，塑造健康形体任何时候开始都奏效。

7. 形体健康分类排行榜

——不同区域被调查女性体重指数（BMI）均值排行榜。调查结果显示，西北地区和华南地区被调查女性的体重指数（BMI）均值分别为22.2和22.8，整体较低，东北地区被调查女性的体重指数（BMI）均值最高，为23.7（见图33）。

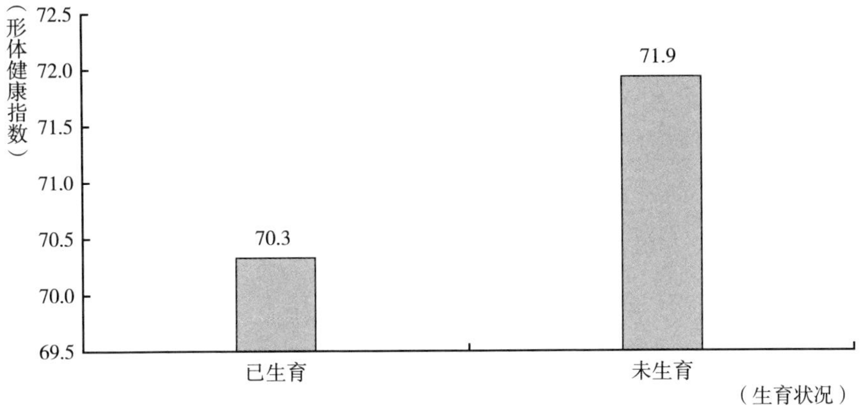

图 32　不同生育情况被调查女性的形体健康指数比较

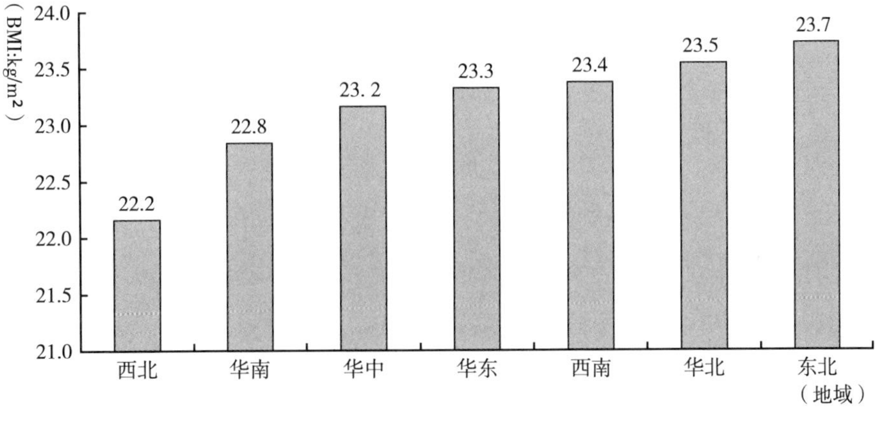

图 33　不同区域被调查女性体重指数（BMI）均值比较

——不同区域被调查女性体脂率排行榜。华中地区、西北地区和华南地区被调查女性的体脂率基本一致，分别为 31. 5%、31. 6% 和 31. 8%，相对而言，其他 4 个地区女性的体脂肪率较高，超过 32. 0%（见图 34）。

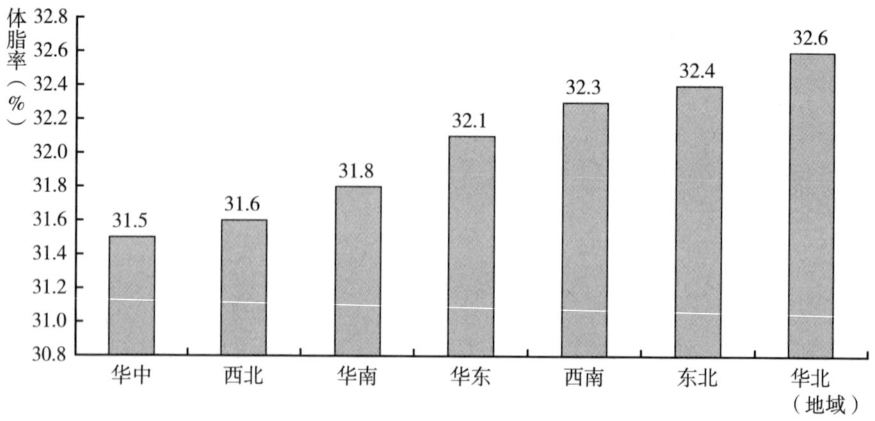

图 34　不同区域被调查女性体脂肪率均值比较

六　思考与建议

形体不仅关乎外在形象，也能体现出一个人的健康水平和内在素养；女性形体研究的结果还能在一定程度上反映出当下社会经济、文化认知以及生活方式等方面的状况。结合本次调查结果，我们提出如下建议，以期引起社会对女性形体美的标准和女性形体健康的思考和关注，进而提升女性形体健康管理水平，促进女性全面发展。

（一）加强美育，树立正确的审美观

有关研究表明，美好的形体能让女性变得更加自信，也让女性在职场和婚恋中更受欢迎。伴随消费时代的到来，社会公众对“颜值”的关注度越来越高。各种服装款式对身材提出了更高要求：穿小清新需要略瘦，穿晚礼服需要丰满……不少明星为了“上镜”或角色需要刻意减肥瘦身。他们的示范和引导，使得很多年轻女性盲目效仿和追随，甚至以牺牲健康为代价。

女性从来不缺乏追求美的动力，现代女性之美首先应是健康之美，同时也是女性内在精神的反映和体现，是由内而外发散出来的自信、自在、从容，是其人生观、理想、修养、品格等的外化。因此，应大力开展美育，倡导正确的形体审美观。通过培养女性认识美、体验美、感受美、欣赏美和创造美的能力，激发女性对美的理想、美的情操、美的品格和美的素养的追求，只有“内外兼修”才是正确的美的实现途径，也是女性全面发展的题中应有之义。

（二）树立科学理念，践行健康生活方式

有位健身健美专家曾说：你的身心健康了，你的形体也就美了。

伴随经济社会飞速发展，人们生活水平大幅提高，但同时现代病也成为高频热词。调查结果显示，超七成被调查女性体脂超标；近六成被调查女性不同程度存在中心性肥胖；七成被调查女性或多或少都有身体姿态不良的状况。这些身体问题的形成既有遗传基因的影响，更与后天养成密不可分。

现代病也被称为生活方式病，多由不健康的生活、工作习惯和行为所造成。作息不规律，饥一顿饱一顿，是现代人的普遍特征。竞争激烈的职场环境，事业与家庭的冲突，常让女性身心疲惫，心理压力增大，一些人通过吃零食或者喝咖啡等来消解压力，殊不知这能让高热量、高脂肪上身。刷手机和在电脑前久坐，日积月累造成颈椎病、腰椎病等，甚至出现骨骼畸形。此外，“口是身非”也是现代人的通病，制订健身计划却无法持之以恒，或者缺乏科学指导，运动方式不合理，无不影响着女性健康形体的塑造。

因此，大力传播健康理念，普及健康知识，弘扬健康文化，使女性养成良好的生活方式和工作习惯，女性才能从根本上告别现代病。对于爱美的女性来说，生活方式改善之时，就是美好形体回归之时。

（三）建立指标体系，科技引领数字化形体健康管理

有关专家指出，要想塑造健康美丽的形体，单纯依靠运动或者膳食不可能达到良好效果。形体健康管理理念因此应运而生，它从系统科学的角度出发，将美学（形体美学）、心理学、运动学、营养学、服装服饰学等融为一体，从形体美标准设定，到外在形体围度测量，再到体成分检测，建立起一套完整的女性形体指标体系和数字化形体模型。依据该项指标体系和形体模型，我们研发出具有自主知识产权的高科技形体测量设备，这就是本次调查所采用的兰超体成分测量设备 InBody 570，以及测量身体围度数据并形成三维立体模型的设备 Size Stream。这些设备可以一次性采集女性身体外在维度和内在体成分等上千个数据，通过后台算法，为女性形体健康水平评价打分，在提供形体检测报告的同时，由多学科专家有针对性地制订形体健康管理方案，使得一对一、定制化服务成为可能。但目前此指标体系和设备远未普及，尚无法满足广大女性对科学管理自身形体的需求。

建议有关方面进一步加大对女性形体健康管理理论和实用课程的研究，希望有关企业不断加大对数字化形体产品和服务的研发力度和科技投入，为女性塑造符合时代审美追求、具有独特个性、由内到外健康的“女性美”，并提供丰富且高品质的服务和技术支持。

执笔：肖炜，北京兰超形体健康管理科技研究院院长，形体健康管理学科创始人，中国家庭文化研究会副会长，中华全国工商业联合会美容化妆品业商会形体健康管理专业委员会主任委员；吴宝丽，中国妇女杂志社副社长，中国妇女报刊协会副会长，文学学士、公共管理硕士。

B.5

2019 ~ 2020年中国城市女性及家庭消费状况调查报告

华坤女性消费指导中心

摘　要： 对5153名女性的调查结果显示，91.5%的被调查者有收入，年收入6万～36万元的家庭占71.9%。2019～2020年，被调查女性及家庭在消费投资方面出现的新变化，位居前两位的是“从我做起，从家庭做起，制止餐饮浪费，崇尚勤俭节约”（62.4%）和“吃喝用度基本网购，乐享移动互联网下的便捷生活”（51.3%）。被调查女性及家庭大笔开支中，房子和孩子的相关支出居前两位，分别为50.9%和42.2%；汽车和医疗健康支出分别居第三、第四位，分别为30.0%和29.7%。家庭建设、婚恋情感、亲子教育等方面的指导，便利购物、家庭用品配送等社区生活服务，以及个性化、高质量的家政服务，位居急需的家庭服务前三位。被调查女性的消费预期依次是孩子教育、自己充电学习、买房买车和提高家庭抗风险能力。

关键词： 女性消费　家庭消费　消费预期　疫情影响

2019～2020年，是一段极不平凡的历史时期。隆重庆祝新中国成立70周年，“国民经济和社会发展第十三个五年规划”圆满收官，全面建成小康社会取得伟大历史性成就，决战脱贫攻坚取得决定性胜利，中华民族伟大复兴迈出新的一大步。与此同时，新冠肺炎疫情突如其来。广大女性及其家庭共克时艰、克服疫情影响，争分夺秒复工复产，全力以赴创新创造，在构建新发展格局和高质量发展中积极贡献巾帼力量。然而，疫情仍在全球蔓延，对各国人民生产生活、就业民生带来严重冲击，妇女面临更大挑战。

在此背景下，为充分了解城市女性及家庭的消费状况、消费预期，中国妇女杂志社、华坤女性消费指导中心、华坤女性生活调查中心共同开展了2019～2020年女性及家庭消费状况调查。本调查除了通过中国妇女系列新媒体投放问卷外，还特别通过新时代家庭数据平台在线调查系统“问家星”，以及腾讯问卷平台精准投放电子问卷。调查问卷浏览量10147次，回收问卷5193份，通过审核的有效问卷为5153份。本报告使用统计分析软件SPSS进行数据筛查、逻辑检验和统计分析。

一　被调查女性及家庭的基本状况

（一）被调查女性及家庭的基本状况

被调查女性来自全国31个省（自治区、直辖市），以及香港特别行政区、澳门特别行政区和台湾地区。按照不同区域的社会经济发展状况，将被调查女性的居住地划分为东部、中部、西部、东北部和港澳台五大地区。其中，来自东部的被调查女性占61.4%，中部的被调查女性占16.6%，西部的被调查女性占14.7%，东北部的被调查女性占7.2%。还有少量（7人）被调查者来自香港特别行政区、澳门特别行政区和台湾地区。

被调查女性平均年龄34岁。

被调查女性中，已婚的占68.6%，未婚的占27.7%，离异或丧偶的占3.7%。

被调查女性中，有孩子的占68.0%，没有孩子的占32.0%。其中，有1个孩子的占47.1%，有2个孩子的占19.1%，有2个以上孩子的仅占1.8%。

被调查女性中高中/中专/技校及以下学历的占22.8%；大学专科学历的，占20.6%；本科及以上学历的，占56.6%。

被调查女性的就业领域非常多元，按比例由高到低排列依次为：科教文卫等事业单位的，占25.0%；私营企业/民营企业的，占21.8%；自由职业者占10.0%；在校学生占7.6%；国有企业的，占7.5%；党政机关的，占6.3%；全职妈妈占5.4%；群团组织的，占3.4%；社会组织的，占2.7%；农民、进城务工人员占2.7%；外资企业的，占2.1%；自主（网上）创业人员占1.8%；新媒体行业、网格员等新职业的，占1.6%；社区工作者和退休人员占比均在1.0%以下。

（二）被调查女性及家庭的收入状况

1. 91.5%的被调查女性有自己的收入

2019～2020年，91.5%的被调查女性有收入，收入部分包括工资薪酬、经营性收入、财产性收入等。8.5%的被调查女性没有收入，主要为在校学生、全职在家的女性。从收入分段情况看，年收入3万～18万元的中等收入的女性占比超过六成，为64.4%；3万元以下的低收入女性占21.9%；18万元以上的高收入女性占5.2%（见表1）。

表1 被调查女性的个人收入

单位：人，%

个人收入	频率	百分比	有效百分比	累积百分比
3万元以下	1128	21.9	21.9	21.9
3万~6万元	1572	30.5	30.5	52.4
6万(不含)~12万元	1316	25.5	25.5	77.9
12万(不含)~18万元	432	8.4	8.4	86.3
18万元以上	269	5.2	5.2	91.5
没有个人收入	436	8.5	8.5	100.0
合　计	5153	100.0	100.0	

调查结果还显示，不同职业被调查女性个人收入水平存在明显差异。年收入18万元以上的高收入女性中，在外资企业和私营企业/民营企业工作的占比最高，分别为24.5%和8.3%；3万元以下的低收入女性中，农民/进城务工人员占比最高，为65.5%，其次为自由职业者和社会组织工作人员，分别为43.8%和31.2%（见表2）。

表2 不同职业被调查女性的收入差异

单位：%

个人收入	党政机关	群团组织	事业单位	国有企业	外资企业	私营企业/民营企业	社会组织	自由职业
3万元以下	8.3	18.4	13.1	12.0	1.8	16.7	31.2	43.8
3万~6万元	29.9	29.9	37.7	33.3	14.5	36.6	48.6	25.5
6万(不含)~12万元	43.5	31.6	35.7	33.3	31.8	28.2	14.5	15.0
12万(不含)~18万	12.3	11.5	8.8	14.3	27.3	9.7	4.3	5.6
18万元以上	5.6	8.0	4.3	6.5	24.5	8.3	0.7	3.1
没有个人收入	0.3	0.6	0.5	0.5	0.0	0.5	0.7	7.0

续表

个人收入	自主（网上）创业	新媒体行业、网格员等新职业	全职在家	农民/进城务工	在校读书	其他	社区工作者	退休人员
3 万元以下	18.7	16.3	43.8	65.5	28.1	40.4	30.0	27.3
3 万 ~6 万元	37.4	32.5	9.8	19.4	6.6	32.6	60.0	45.5
6 万(不含) ~12 万元	26.4	16.3	6.5	2.9	2.6	10.1	10.0	22.7
12 万(不含) ~18 万	8.8	11.3	1.4	0.7	1.0	4.5	0.0	0.0
18 万元以上	6.6	7.5	0.7	0.0	0.5	4.5	0.0	0.0
没有个人收入	2.2	16.3	37.7	11.5	61.2	7.9	0.0	4.0

2. 年收入6万 ~30万元的中间收入家庭占比近七成

2019 ~2020 年，包括工资薪酬、经营性收入、财产性收入等在内，年总收入 6 万 ~30 万元的中等收入家庭占比为 67.9%，6 万元以下的低收入家庭占 22.4%，30 万元以上的高收入家庭占 9.7%（见表 3）。

表 3　被调查女性的家庭收入

单位：人，%

家庭收入	频率	百分比	有效百分比	累积百分比
6 万元以下	1153	22.4	22.4	22.4
6 万 ~12 万元	1557	30.2	30.2	52.6
12 万(不含) ~18 万元	968	18.8	18.8	71.4
18 万(不含) ~24 万元	595	11.5	11.5	82.9
24 万(不含) ~30 万元	378	7.3	7.3	90.3
30 万(不含) ~36 万元	207	4.0	4.0	94.3
36 万元以上	295	5.7	5.7	100.0
合　计	5153	100.0	100.0	

调查结果显示，不同地域被调查女性家庭年收入水平存在差异。在6万元以下低收入家庭中，中部和东北部地区占比较大，分别为30.1%和26.9%；在30万元以上的高收入家庭中，东部地区所占比例最高，为12.8%（见表4）。

表4　不同区域被调查女性家庭收入比较

单位：人，%

家庭收入	东部	中部	西部	东北部
6万元以下	19.8	30.1	22.3	26.9
6万~12万元	28.8	27.7	37.3	34.1
12万(不含)~18万元	18.1	20.3	19.5	19.4
18万(不含)~24万元	12.1	10.9	10.7	9.7
24万(不含)~30万元	8.3	6.0	5.3	6.5
30万(不含)~36万元	5.2	2.1	2.4	1.6
36万元以上	7.6	2.9	2.5	1.9
合　计	100.0	100.0	100.0	100.0

二　被调查女性及家庭的消费投资状况

（一）被调查女性及家庭在消费投资等方面呈现新变化

2019~2020年，被调查女性及家庭在消费投资等方面呈现新变化，按选择比例从高到低排列依次是："从我做起，从家庭做起，制止餐饮浪费，崇尚勤俭节约"（62.4%）；"吃喝用度基本网购，乐享移动互联网下的便捷生活"（51.3%）；"更愿意存钱，购买安全、稳健的理财产品"（30.3%）；"更热衷高质量、高品位、高颜值的中国自主品牌"（28.3%）；"参与消费扶贫、购买公益性农产品，助力脱贫攻坚"（28.3%）；"对'闪送'、无接触配送等到家服务依赖性增强"

（23.9%）；“看直播买买买，跟风各种网红带货”（17.7%）；“使用消费贷、分期付，更珍惜信用积累和个人信息保护”（14.0%）；“维权渠道更加畅通、消费更加安全放心”（12.0%）；“发放消费券等促消费政策，增强了购买欲望和信心”（11.5%）（见表5）。

表5　被调查女性及家庭的消费投资新变化

单位：人次，%

新变化	频率	个案百分比	排序
吃喝用度基本网购，乐享移动互联网下的便捷生活	2642	51.3	2
对“闪送”、无接触配送等到家服务依赖性增强	1232	23.9	5
看直播买买买，跟风各种网红带货	911	17.7	6
参与消费扶贫、购买公益性农产品，助力脱贫攻坚	1457	28.3	4
从我做起，从家庭做起，制止餐饮浪费，崇尚勤俭节约	3217	62.4	1
更热衷高质量、高品位、高颜值的中国自主品牌	1458	28.3	4
使用消费贷、分期付，更珍惜信用积累和个人信息保护	722	14.0	7
发放消费券等促消费政策，增强了购买欲望和信心	595	11.5	9
维权渠道更加畅通、消费更加安全放心	619	12.0	8
更愿意存钱，购买安全、稳健的理财产品	1559	30.3	3
其他	42	0.8	

调查结果还发现，不同群体在消费投资方面也呈现出有差异性的新变化，具体如下。

1. 55岁及以上、有孩子的被调查女性节俭意识更强

随着被调查女性年龄增加，选择“从我做起，从家庭做起，制止餐饮浪费，崇尚勤俭节约”的比例呈上升趋势。50～54岁和55岁及以上被调查女性的比例更高，分别为84.2%和85.3%（见表6）。这与她们从小的生活环境和生活阅历有关。该年龄段被调查女性经历过物资匮乏的年代，勤俭节约的意识更强，也更懂得珍惜今天来之不易的美好生活。

表6　不同年龄被调查女性节俭意识比较

单位：%

年龄	18～24岁	25～29岁	30～34岁	35～39岁	40～44岁	45～49岁	50～54岁	55岁及以上
百分比	54.0	53.1	57.2	64.1	71.3	77.0	84.2	85.3

已经当了妈妈的被调查女性选择“从我做起，从家庭做起，制止餐饮浪费，崇尚勤俭节约”的比例均超过65.0%，明显高于没有孩子女性的选择比例（54.1%）（见表7）。这说明在有了孩子之后，妈妈更注重以身作则，为孩子树立榜样，并带领孩子一起践行勤俭节约的良好家风。

表7　不同育儿数量被调查女性节俭意识比较

单位：%

孩子数量	1个	2个	2个以上	无
百分比	65.4	68.5	68.5	54.1

随着被调查女性个人收入升高，选择“从我做起，从家庭做起，制止餐饮浪费，崇尚勤俭节约”的比例呈下降趋势（见表8）。这说明个人及家庭收入达到一定程度，人们的生活日渐富裕，容易淡化勤俭节约的意识，急需加强对这一人群的教育和指导，引导她们践行简约适度、绿色低碳的生活方式。

表8　不同收入被调查女性节俭意识比较

单位：%

个人收入	无	3万元以下	3万～6万元	6万(不含)～12万元	12万(不含)～18万元	18万元以上
百分比	61.9	66.9	63.4	62.4	55.6	49.8

2. “90后”更加乐享移动互联网下的便捷生活

疫情期间，“宅”生活催热了各类“云消费”。从不同年龄来看，被调查女性年龄越小，对网购的依赖程度越高。针对“吃喝用度基本网购，乐享移动互联网下的便捷生活”这一选项，18 ~24 岁和 25 ~29 岁的被调查女性选择比例高于其他年龄段，分别为 60.3% 和 55.8%（见表 9）。这些“90 后”网络原住民，对互联网的运用更加娴熟，也更热衷于“云逛街”、线上团购、群内拼单等“云消费”消费方式。但同时也要看到，40 岁以上被调查女性“云消费”占比均超过 40.0%，这说明受疫情影响，被迫“宅”家期间，一大批原本对互联网接受度较低的中老年人成为网购“新粉”，她们快速成长拥抱互联网，也充分体验到了“云消费”的便捷性。

表 9　不同年龄被调查女性网购习惯比较

单位：%

年龄	18 ~24 岁	25 ~29 岁	30 ~34 岁	35 ~39 岁	40 ~44 岁	45 ~49 岁	50 ~5 4 岁	55 岁及以上
百分比	60.3	55.8	51.3	50.4	47.9	41.4	40.4	41.0

没有孩子的被调查女性选择“吃喝用度基本网购，乐享移动互联网下的便捷生活”的比例为 57.6%，远高于有孩子的被调查女性（见表 10）。而且随着家里孩子数量增多，被调查女性的“云消费”比例下降。这说明，当了妈妈之后，被调查女性没有太多可自由支配的时间用于网购，同时也可能面临较大的经济压力，消费购物更趋于理性。

表 10　不同育儿数量被调查女性网购习惯比较

单位：%

孩子的数量	1 个	2 个	2 个以上	无
百分比	50.0	45.2	38.0	57.6

随着被调查女性受教育程度增加，选择“吃喝用度基本网购，乐享移动互联网下的便捷生活”的比例不断上升（见表11）。这说明具有高学历和高收入的城市女性是“云消费”的深度使用者，她们更愿意接受新鲜事物，也乐于尝试新的购物App，在线下单、移动支付等互联网应用也更娴熟。

表11　不同受教育程度被调查女性网购习惯比较

单位：%

学历	初中及以下	高中/中专/技校	大学专科	大学本科	硕士	博士
百分比	36.1	43.4	51.8	54.9	55.7	65.8

3. 被调查女性随着年龄增长储蓄意愿增强

不同年龄被调查女性在“更愿意存钱，购买安全、稳健的理财产品”方面存在显著差异。35岁以下被调查女性的选择比例均低于30.0%；35岁之后选择比例持续上升，55岁及以上者达到38.5%（见表12）。这说明，风险意识与年龄成正比，特别是有了家庭、有了孩子之后，女性更愿意通过存钱、买稳健理财产品等方式提升家庭抗风险能力。

表12　不同年龄被调查女性理财习惯比较

单位：%

年龄	18～24岁	25～29岁	30～34岁	35～39岁	40～44岁	45～49岁	50～54岁	55岁及以上
百分比	23.4	28.8	27.2	31.4	35.1	37.2	38.1	38.5

随着被调查女性收入增加，选择“更愿意存钱，购买安全、稳健的理财产品”的比例呈上升趋势（见表13）。可以看出，高收入人群相对低收入人群有更高的财富抗风险意识，市场震荡和人生多变的

体验令她们更看重财富的保值，突如其来的疫情也是她们更看重稳健型财富管理方式的重要因素之一。

表 13　不同收入被调查女性理财习惯比较

单位：%

个人收入	无	3 万元以下	3 万～6 万元	6 万以上～12 万元	12 万以上～18 万元	18 万元以上
百分比	28.4	28.8	29.1	31.9	31.7	35.7

4. 55岁及以上被调查女性更热衷消费国产品牌

在国产自主品牌的选择上，55 岁及以上被调查女性选择比例明显高于其他年龄段的女性，为 48.1%。这说明长期以来，高质量、高品位、高颜值的国产品牌吸引了一大批老年用户，她们对“中国制造”有着更深厚的民族情结。调查数据还显示，其他各年龄段被调查女性选择此项的比例也均高于 20.0%，这说明随着中国自主品牌进行产品升级、营销转型，积极创新、变革，年轻被调查女性对国产品牌也有一定的认同感和接受度（见表 14）。

表 14　不同年龄被调查女性对中国自主品牌的接受程度比较

单位：%

年龄	18～24 岁	25～29 岁	30～34 岁	35～39 岁	40～44 岁	45～49 岁	50～54 岁	55 岁及以上
百分比	26.3	23.4	25.5	30.6	29.5	31.7	38.1	48.1

5. 机关、事业单位、群团组织和国有企业参与消费扶贫的比例更高

为了解决农产品出路问题，越来越多来自贫困地区的特色农副产品被送上了城镇居民的餐桌。调查结果显示，东部地区被调查女性“参与消费扶贫、购买公益性农产品，助力脱贫攻坚”的比例最高，

为29.3%（见表15）。可以看出，经济发达的东部地区是扶贫协作、对口支援的主要地区，消费能力较强，是公益性农产品的重要“流入地”。

表15　不同地区被调查女性公益消费比较

单位：%

地区	东部	中部	西部	东北部
百分比	29.3	27.9	27.0	23.4

从被调查女性所在工作单位性质来看，“参与消费扶贫、购买公益性农产品，助力脱贫攻坚”排在前四位的依次是：群团组织、事业单位、党政机关和国有企业（见表16）。这些单位员工积极响应国家号召，做表率，开展定点帮扶，组织消费扶贫，助力打赢脱贫攻坚战。

表16　不同职业领域被调查女性公益消费比较

单位：%

职业领域	党政机关	群团组织	事业单位	国有企业	外资企业	私营企业/民营企业	社会组织
百分比	30.6	40.2	33.0	30.2	24.5	23.8	29.7
职业领域	自由职业	自主(网上)创业	新媒体行业、网格员等新职业	全职在家	农民/进城务工	在校学生	
百分比	26.5	29.7	30.0	22.1	30.2	23.5	

6. 东部地区对到家服务依赖性更强

东部地区被调查女性选择“对‘闪送’、无接触配送等到家服务依赖性增强”的比例最高，为25.6%（见表17）。东部地区服务业更为发达，到家服务种类丰富，产品成熟，选择空间大；而且东部经济发达省份作为典型人口输入型地区，年轻人多，对到家服务的需求也更为强烈。

表 17　不同地区被调查女性对到家服务依赖性比较

单位：%

地区	东部	中部	西部	东北部
百分比	25.6	21.7	19.9	23.1

25 ~39 岁被调查女性选择“对‘闪送’、无接触配送等到家服务依赖性增强”的比例相对较高，为 30.8%；18 ~24 岁、30 ~34 岁、35 ~39 岁 3 个年龄段也都超过 20.0%，表明“80 后”“90 后”更崇尚快节奏、高效率的消费方式，更愿意为生活性服务买单。而 55 岁及以上被调查女性的比例最低，为 12.2%（见表 18）。

表 18　不同年龄被调查女性对到家服务依赖性比较

单位：%

年龄	18 ~24 岁	25 ~29 岁	30 ~34 岁	35 ~39 岁	40 ~44 岁	45 ~49 岁	50 ~54 岁	55 岁及以上
百分比	24.9	30.8	27.9	23.3	17.7	13.8	14.7	12.2

7. “80后”“90后”是直播带货的主力消费人群

调查数据显示，18 ~39 岁被调查女性选择“看直播买买买，跟风各种网红带货”的比例较高（见表 19）。这些“80 后”“90 后”，既有一定的经济收入，又没有沉重的家庭负担，且有更强的意愿和能力去追赶时尚潮流，光顾各类直播平台，跟风网红带货。

表 19　不同年龄被调查女性直播消费意愿比较

单位：%

年龄	18～24岁	25～29岁	30～34岁	35～39岁	40～44岁	45～49岁	50～54岁	55岁及以上
百分比	19.7	23.6	19.7	18.4	9.9	10.3	11.3	8.3

8. 年龄处于两端的被调查女性对促消费政策更敏感

调查数据显示，35 岁以下和 55 岁及以上的被调查女性选择“发放消费券等促消费政策，增强了购买欲望和信心”的比例相对较高（见表 20）。这说明，年轻人对发放消费券、打折促销等消费政策关注度更高，对新信息、新资讯更加敏感，获取渠道广泛。而 55 岁及以上中老年群体因节约意识更强，消费习惯较传统，更容易受到发放消费券、购物补贴等政策影响。

表 20　不同年龄被调查女性对“发放消费券等促消费政策，增强了购买欲望和信心”的比较

单位：%

年龄	18～24岁	25～29岁	30～34岁	35～39岁	40～44岁	45～49岁	50～54岁	55岁及以上
百分比	11.8	13.5	12.4	10.9	8.2	10.1	9.8	12.8

（二）房子、孩子和车子，居大笔开支前三位

2019～2020 年，被调查女性及家庭的大笔开支按选择比例从高到低排列依次是：“买房、租房或装修等房子相关支出”（50.9%）；“托育、上网课、上补习班等孩子相关支出”（42.2%）；“购买或更换汽车、汽车养护支出”（30.0%）；“防疫、看病、保健养生等医疗健康支出”（29.7%）；“美妆/服装/首饰等个人支出”（28.8%）；

“智能家电、家居等家庭生活用品支出”（26. 1%）；“旅游度假、外出游玩支出”（24. 1%）；“智能手机、电脑等电子产品支出”（23. 9%）；“赡养老人支出”（22. 3%）；“在线教育、进修培训等充电学习支出”（20. 4%）；“请保姆、小时工、护工等家政服务支出”（7. 6%）（见表21）。

表21　被调查女性和家庭的大笔开支

单位：人次，百分比

开支	频率	个案百分比	排序
买房、租房或装修等房子相关支出	2623	50. 9	1
购买或更换汽车、汽车养护支出	1547	30. 0	3
托育、上网课、上补习班等孩子相关支出	2173	42. 2	2
智能家电、家居等家庭生活用品支出	1345	26. 1	6
请保姆、小时工、护工等家政服务支出	394	7. 6	10
防疫、看病、保健养生等医疗健康支出	1532	29. 7	4
在线教育、进修培训等充电学习支出	1052	20. 4	9
智能手机、电脑等电子产品支出	1230	23. 9	7
美妆/服装/首饰等个人支出	1482	28. 8	5
旅游度假、外出游玩支出	1242	24. 1	7
赡养老人支出	1147	22. 3	8
其他	76	1. 5	

通过梳理被调查女性填答的“其他”内容可以看出，被调查女性大笔开支除所给选项之外，还包括保险类。疫情给人们的生活带来更多不确定性，使人们对健康的关注度提高，激发了人们对各类保险的需求。通过保险防患于未然，是人们增加安全感的有效方式。

除此之外，被调查女性也有填答人际关系支出、人情份子钱的。中国是个人情社会，此类支出的确是大部分中国居民消费开支中非常重要的组成部分，甚至已经成为衡量居民人际关系、社会地位、社交能力乃至事业发展的重要指标。

调查结果还显示，不同年龄段、不同收入被调查女性在大笔开支方面呈现各自的特点。

1. 收入越高，将大笔开支用于房子的比例越高

25～54 岁被调查女性将大笔开支用于“买房、租房或装修等房子相关支出”的比例均超过 50.0%（见表 22）。对于25～39 岁被调查女性来说，买房是“刚需”，随着结婚、孩子出生，必须购买房子居住；对于 45～54 岁被调查女性来说，更多是换房需求，出于以小换大、购买学区房等目的买房，多年的积蓄也能支持其实现改善居住条件的梦想。

表 22　不同年龄被调查女性房子相关支出比较

单位：%

年龄	18～24 岁	25～29 岁	30～34 岁	35～39 岁	40～44 岁	45～49 岁	50～54 岁	55 岁及以上
百分比	41.7	54.1	53.6	52.6	47.6	53.6	51.7	45.5

随着个人收入增加，被调查女性将大笔开支用在房子上的比例呈上升趋势（见表 23）。如今，贷款买房已十分普遍，对于有能力买房的中高收入女性及家庭来说，每月还房贷已成为家庭大笔支出中的必需。另外，一些低收入女性及家庭虽然没有买房，但水涨船高的房租也是一笔不小的开支。

表 23　不同收入被调查女性房子相关支出比较

单位：%

个人收入	无	3 万元以下	3 万～6 万元	6 万(不含)～12 万元	12 万(不含)～18 万元	18 万元以上
百分比	39.0	46.4	51.0	56.1	54.9	56.9

2. 35～44岁被调查女性及其家庭的大笔开支多用于孩子

35～39岁和40～44岁被调查女性将大笔开支用于孩子的比例更高，分别为60.8%和64.2%（见表24）。这两个年龄段的被调查女性及家庭正处于养育孩子的关键期，在孩子照料、托育、上网课、上补习班等方面的投入要高于其他年龄段的女性及家庭。

表24　不同年龄段被调查女性孩子相关支出比较

单位：%

年龄	18～24岁	25～29岁	30～34岁	35～39岁	40～44岁	45～49岁	50～54岁	55岁及以上
百分比	34.4	26.4	47.5	60.8	64.2	37.7	17.0	22.4

随着被调查女性的家庭收入增加，在孩子方面的投入也呈上升趋势（见表25）。这说明随着社会进步和经济发展，新时代女性及家庭越来越重视子女教育问题，而高收入人群也是教育的受益者，更舍得在子女教育上投入。同时，随着教育产业的繁荣，高收入家庭在孩子教育投入上也有了更多选择。

表25　不同收入被调查女性孩子相关支出比较

单位：%

个人收入	6万元以下	6万～12万元	12万（不含）～18万元	18万（不含）～24万元	24万（不含）～30万元	30万（不含）～36万元	36万元以上
百分比	38.9	41.9	42.5	41.0	43.4	50.2	50.5

3. 更多已婚被调查女性将大笔开支用在汽车上

作为一家人出行的重要载体，已婚被调查女性对汽车的使用需求最高，将大笔开支用于汽车的比例也最高，为33.2%；年轻未婚被调查女性买车的比例也达到23.8%；离异、丧偶等被调查女性将大笔开支用于汽车的比例较低（见表26）。

表26 不同婚姻状况被调查女性汽车相关支出比较

单位：%

婚姻状况	已婚	未婚	离异	丧偶
百分比	33.2	23.8	19.4	10.8

随着家庭收入增加，被调查女性将大笔开支用于汽车的比例也呈上升趋势（见表27）。中高收入家庭在汽车方面的消费实力更强，动辄购买十几万元、几十万元的汽车，以及花费不少的燃油、维修保养、保险、停车费等与汽车相关的诸多必需支出。

表27 不同收入被调查女性汽车相关支出比较

单位：%

个人收入	6万元以下	6万~12万元	12万（不含）~18万元	18万（不含）~24万元	24万（不含）~30万元	30万（不含）~36万元	36万元以上
百分比	21.9	26.1	35.3	38.7	37.0	32.4	36.9

4.45岁以上被调查女性将大笔开支用于医疗健康的显著增加

调查数据显示，45岁是一个明显的分界线，45岁之后，被调查女性选择将大笔开支用于医疗健康方面的比例增加了近10个百分点，45~49岁、50~54岁和55岁及以上分别达到37.5%、38.5%和38.5%（见表28）。这说明，随着年龄增加，身体健康状况下降，健康养生意识增强，被调查女性将大笔开支用于防疫、看病、保健养生等医疗健康方面的比例不断上升。

表28　不同年龄被调查女性医疗健康支出比较

单位：%

年龄	18～24岁	25～29岁	30～34岁	35～39岁	40～44岁	45～49岁	50～54岁	55岁及以上
百分比	28.8	28.3	27.1	27.9	29.3	37.5	38.5	38.5

被调查女性随着个人收入增加，将大笔开支用于医疗健康支出的比例呈下降趋势（见表29）；家庭随着收入增加，将大笔开支用于医疗健康支出的比例也呈下降趋势。原因在于，一方面，医疗健康支出在高收入女性及家庭中的占比较小；另一方面，她们有能力购买意外险、健康类保险，能够预防和分摊重大疾病的大额支出。

表29　不同收入被调查女性医疗健康支出比较

单位：%

个人收入	无	3万元以下	3万～6万元	6万(不含)～12万元	12万(不含)～18万元	18万元以上
百分比	34.2	33.9	29.5	29.1	22.2	21.9

5. “90后”将大笔开支用于美妆/服装/首饰等的比例最高

18～24岁和25～29岁被调查女性将大笔开支用于美妆/服装/首饰等美丽消费方面的比例较高，分别为36.6%和40.1%（见表30）。由于她们没有来自家庭方面的压力，有财力、有意愿、有时间投入美丽消费，打造自己的形象。

表30　不同年龄被调查女性美丽支出比较

单位：%

年龄	18～24岁	25～29岁	30～34岁	35～39岁	40～44岁	45～49岁	50～54岁	55岁以上
百分比	36.6	40.1	27.7	26.1	19.4	19.8	19.2	12.2

随着个人收入增加，被调查女性将大笔开支用于美妆/服装/首饰等方面的比例也随之越高（见表31）。这说明高收入女性更加重视自己的仪表形象，在意自己的消费品位，打造精致外表成为更多高收入女性的生活态度。

表31　不同收入被调查女性美丽支出比较

单位：%

个人收入	无	3万元以下	3万～6万元	6万(不含)～12万元	12万(不含)～18万元	18万元以上
百分比	24.3	25.5	29.8	30.5	30.8	31.2

6. “银发族”将大笔开支用于旅游消费的比例最高

55岁及以上被调查女性将大笔支出用于旅游消费的比例最高，为32.1%（见表32）。这个年龄段的被调查女性多已退休，有了更多的闲暇时间，也有更多的财富积累，时间和能力的双重保障，促使“银发族”中喜欢旅游的人越来越多。多出去走走看看，领略祖国大好河山，“银发族”已成为休闲旅游消费市场的重要力量。

表32　不同年龄被调查女性旅游支出比较

单位：%

年龄	18～24岁	25～29岁	30～34岁	35～39岁	40～44岁	45～49岁	50～54岁	55岁及以上
百分比	18.2	23.6	24.1	28.0	24.8	21.4	28.3	32.1

被调查女性随着收入增加，将大笔开支用于旅游的比例不断上升；家庭随着收入增加，将大笔开支用于旅游的比例也不断上升

（见表 33 和表 34）。可以看出，高收入女性及家庭在旅游方面的消费能力更强，她们也更愿意通过旅行开阔视野，体验不同的风土人情，去获得精神上的滋养。

表 33　不同个人收入被调查女性旅游支出比较

单位：%

个人收入	无	3 万元以下	3 万~6 万元	6 万(不含)~12 万元	12 万(不含)~18 万元	18 万元以上
百分比	13.8	13.7	22.6	29.7	38.9	42.0

表 34　不同家庭收入被调查女性旅游支出比较

单位：%

家庭收入	6 万元以下	6 万~12 万元	12 万（不含）~18 万元	18 万（不含）~24 万元	24 万（不含）~30 万元	30 万（不含）~36 万元	36 万元以上
百分比	12.2	20.1	26.1	29.7	36.2	40.6	46.4

7. “90后”在电子产品方面的支出最高

调查数据显示，18~24 岁和 25~29 岁被调查女性将大笔开支用于智能手机、电脑等电子产品的比例较高，分别为 32.0% 和 27.4%（见表 35）。这些年轻女性在电子产品、科技领域的消费意愿和消费实力不容忽视，她们紧跟时尚和社会潮流。

表 35　不同年龄被调查女性电子产品支出比较

单位：%

年龄	18~24 岁	25~29 岁	30~34 岁	35~39 岁	40~44 岁	45~49 岁	50~54 岁	55 岁及以上
百分比	32.0	27.4	21.7	20.4	20.0	20.7	22.6	21.8

8. 40~54岁被调查女性及家庭大笔开支用于赡养老人

调查数据显示，45~49岁、50~54岁、55岁及以上被调查女性将大笔开支用于赡养老人的比例较高，分别为38.6%、41.9%和31.4%（见表36）。这三个年龄段的被调查女性，父母已经上了年纪，更加依赖儿女的生活照顾和经济支持。

表36　不同年龄被调查女性赡养老人支出比较

单位：%

年龄	18~24岁	25~29岁	30~34岁	35~39岁	40~44岁	45~49岁	50~54岁	55岁及以上
百分比	15.6	15.7	18.0	20.5	30.4	38.6	41.9	31.4

9. 受教育程度越高，在充电学习方面的支出越大

18~24岁被调查女性正处于在校读书阶段，将大笔开支用于学习的比例最高，为25.9%；35~39岁和40~44岁被调查女性正处于职场打拼和职业发展上升期，将大笔开支用于进修培训等充电学习的比例也较高（见表37）。

表37　不同年龄被调查女性充电学习支出比较

单位：%

年龄	18~24岁	25~29岁	30~34岁	35~39岁	40~44岁	45~49岁	50~54岁	55岁及以上
百分比	25.9	19.4	18.9	21.5	23.1	15.4	17.4	16.7

随着受教育程度提高，被调查女性更重视自身的成长和进步，更重视精神财富的积累，注重职业技能和自身素养的提升，尤其是大学本科学历的女性，她们充电学习的愿望最为强烈，将大笔开支用于充电学习的比例最高，为22.3%（见表38）。

表 38　不同学历被调查女性充电学习支出比较

单位：%

学历	初中及以下	高中/中专/技校	大学专科	大学本科	硕士	博士
百分比	15.6	16.0	20.8	22.3	20.8	21.1

10. 有孩子的被调查女性及家庭在家政服务方面的支出更大

有孩子的家庭，在请保姆、小时工、护工等家政服务方面的支出高于没有孩子的家庭。其中，有2个以上孩子的家庭将大笔开支用于家政服务的比例最高，有2个孩子的家庭居其次，有1个孩子的家庭居第三位，这说明家政服务支出与孩子数量同步增加（见表39）。

表 39　不同生育状况被调查女性家政服务支出比较

单位：%

孩子的数量	1个	2个	2个以上	无
百分比	8.5	8.6	13.0	5.5

被调查女性随着个人收入增加，将大笔开支用于请保姆、小时工、护工等家政服务方面的比例增高；家庭随着收入增加，将大笔开支用于家政服务方面的比例也越高（见表40和表41）。可以看出，高收入女性及家庭，更有能力聘请月嫂、保姆、小时工，也更乐于用金钱价值换取时间。

表 40　不同收入被调查女性家政服务支出比较

单位：%

个人收入	无	3万元以下	3万～6万元	6万(不含)～12万元	12万(不含)～18万元	18万元以上
百分比	3.7	4.5	6.5	9.1	13.0	18.2

表 41　不同家庭收入被调查女性家政服务支出比较

单位：%

家庭收入	6 万元以下	6 万 ~ 12 万元	12 万（不含）~ 18 万元	18 万（不含）~ 24 万元	24 万（不含）~ 30 万元	30 万（不含）~ 36 万元	36 万元以上
百分比	5. 5	5. 4	6. 9	10. 3	10. 3	16. 9	15. 3

（三）被调查女性及家庭急需不同种类家庭服务

2019 ~ 2020 年，被调查女性和家人急需的家庭服务清单，按选择比例从高到低排列依次是："家庭建设、婚恋情感、亲子教育等方面的指导"（40. 2%）；"便利购物、家庭用品配送等社区生活服务"（37. 0%）；"个性化、高质量的家政服务"（35. 7%）；"家庭医生、社区医院等公共卫生服务"（28. 3%）；"疫情后心理关爱、心理健康服务、就业指导和帮扶"（27. 6%）；"老人看护和精神陪伴"（25. 4%）；"0 ~ 3 岁孩子托管和照料"（15. 9%）；"对困难妇女和困境家庭的帮扶和服务"（13. 5%）；"家庭纠纷调解，法律咨询服务"（11. 9%）（见表 42）。

通过梳理被调查女性填答的"其他"选项可以看出，被调查者认为除以上选项涉及的家庭服务外，还有两类家庭服务不容忽视。第一类：学龄儿童托管，如"希望找到能托管孩子、帮助辅导家庭作业的机构""小学生免费课业辅导""学龄前儿童及小学阶段孩子的看护、教育"。目前校内托管、社会托管、公益托管等机构并存，无证经营、管理混乱、随意收费等问题频现，不能完全解决孩子接放学问题，也无法做到让父母安心、放心。第二类：社区垃圾处理更精细化。居民随着垃圾分类等环保意识的增加，对社区治理能力也提出更高需求。

表42　被调查女性和家人急需的家庭服务

单位：人次，百分比

家庭服务	频率	个案百分比	排序
个性化、高质量的家政服务	1841	35.7	3
0~3岁孩子托管和照料	820	15.9	7
家庭建设、婚恋情感、亲子教育等方面的指导	2072	40.2	1
便利购物、家庭用品配送等社区生活服务	1908	37.0	2
疫情后心理关爱、心理健康服务、就业指导和帮扶	1420	27.6	5
家庭纠纷调解，法律咨询服务	611	11.9	9
家庭医生、社区医院等公共卫生服务	1460	28.3	4
老人看护和精神陪伴	1307	25.4	6
对困难妇女和困境家庭的帮扶和服务	698	13.5	8
其他	115	2.2	

被调查女性的家庭收入不同，急需的家庭服务也存在差异。对“个性化、高质量的家政服务”的需求，收入在18万元以下家庭选择比例均在30.0%或稍高；18万（不含）~24万元和24万（不含）~30万元家庭选择比例上升到40.0%左右；30万（不含）~36万元和36万元以上家庭选择比例最高，超过50.0%。在“对困难妇女和困境家庭的帮扶和服务”方面，6万元以下的低收入家庭的需求最强烈，选择比例为25.2%；6万~12万元居其次，选择比例为13.6%；其他收入段家庭选择此项的比例均低于10.0%（见表43）。

表43　不同收入被调查女性急需的家庭服务需求比较

单位：%

需求	6万元以下	6万~12万元	12万（不含）~18万元	18万（不含）~24万元	24万（不含）~30万元	30万（不含）~36万元	36万元以上
个性化、高质量的家政服务	30.0	33.3	32.3	40.0	41.0	50.7	55.9
对困难妇女和困境家庭的帮扶和服务	25.2	13.6	9.5	9.1	5.6	3.9	5.8

三　被调查女性及家庭的消费投资预期

关于被调查女性的消费投资计划，按选择比例从高到低排列依次是："在孩子教育等方面的投资"（50.1%）；"为自己投资，学习新技能、新知识"（48.1%）；"更考虑长期和稳定，口袋捂得更紧、消费更理性"（35.9%）；"经历疫情感觉置产很重要，想买房、买车"（26.1%）；"买保险、黄金等，提高家庭抗风险能力"（20.1%）；"把钱花在旅游上，在家憋坏了"（16.7%）；"买国债、银行理财等中低风险产品"（14.8%）；"来一波'报复性'消费，购物逛街看电影吃大餐"（13.1%）；"抓住好行情炒股、买基金，赚取高收益"（8.7%）（见表44）。

表44　被调查女性的消费投资计划

单位：人次，%

计划	频率	个案百分比	排序
把钱花在旅游上，在家憋坏了	861	16.7	6
来一波"报复性"消费，购物逛街看电影吃大餐	673	13.1	8
经历疫情感觉置产很重要，想买房、买车	1346	26.1	4
为自己投资，学习新技能、新知识	2478	48.1	2
在孩子教育等方面的投资	2582	50.1	1
买保险、黄金等，提高家庭抗风险能力	1033	20.1	5
买国债、银行理财等中低风险产品	763	14.8	7
抓住好行情炒股、买基金，赚取高收益	447	8.7	9
更考虑长期和稳定，口袋捂得更紧、消费更理性	1849	35.9	3
其他	49	1.0	

调查结果发现，不同群体的消费投资计划存在显著差异。

1. 35~44岁被调查女性更注重在孩子教育方面投入

40~44岁、35~39岁被调查女性及家庭计划在孩子教育方面投入的比例较高，分别为75.9%和70.0%（见表45）。这两个年龄段的被调查女性及家庭，将大笔开支用于孩子照料、托育、上网课、上补习班等比例也是最高的。

表45　不同年龄被调查女性孩子教育支出计划比较

单位：%

年龄	18~24岁	25~29岁	30~34岁	35~39岁	40~44岁	45~49岁	50~54岁	55岁及以上
百分比	29.1	28.5	54.6	70.0	75.9	62.5	42.3	41.7

虽然家庭收入不同，但在孩子教育方面的投入意愿并没有太大的差别，不同收入的家庭都非常重视在孩子教育方面的投入。年收入30万（不含）~36万元和36万元以上的被调查女性及家庭该比例略高，分别为53.1%和53.2%（见表46）。

表46　不同收入被调查女性孩子教育支出计划比较

单位：%

个人收入	6万元以下	6万~12万元	12万（不含）~18万元	18万（不含）~24万元	24万（不含）~30万元	30万（不含）~36万元	36万元以上
百分比	48.8	51.1	52.0	45.4	48.5	53.1	53.2

2. 新媒体行业女性、创业女性更热衷于对自己进行知识投资

随着被调查女性年龄增加，计划“为自己投资，学习新技能、新知识”的比例不断下降。可以看出，年轻女性在充电学习方面的意愿更强烈，18~24岁正处于在校读书阶段，该比例达到57.0%；25~29岁被调查女性刚步入职场，需要不断学习新知识、掌握新技能、增长新本领，她们由于未婚、没有孩子，也有更多的时间来充电学习，该比例达到52.0%（见表47）。

表 47　不同年龄被调查女性充电学习支出计划比较

单位：%

年龄	18～24岁	25～29岁	30～34岁	35～39岁	40～44岁	45～49岁	50～54岁	55岁及以上
百分比	57.0	52.0	49.0	46.2	43.8	40.7	37.7	37.2

从职业来看，除在校读书的被调查女性计划“为自己投资，学习新技能、新知识”的比例最高外，在职女性中从事新媒体行业、网格员等新职业的居其次，自主（网上）创业的被调查女性居第三位，以上三者的比例均超过50.0%（见表48）。这说明，从事新兴职业的女性面临更大的挑战和压力，也有更强烈的学习动力，这些行业知识更新速度快，需要从业者或主动或被动地加强学习。

表 48　不同职业被调查女性充电学支出计划比较

单位：%

职业	党政机关	群团组织	事业单位	国有企业	外资企业	私营企业/民营企业	社会组织
百分比	48.8	42.5	48.5	45.8	46.8	49.5	49.3
职业	自由职业	自主(网上)创业	新媒体行业、网格员等新职业	全职在家	农民/进城务工	在校读书学生	
百分比	44.0	54.9	56.3	37.7	46.8	59.7	

3. 25～34岁被调查女性疫情后买房买车的意愿更强烈

25～29岁和30～34岁被调查女性及家庭选择“经历疫情感觉置产很重要，想买房、买车”的比例较高，分别为34.4%和28.4%（见表49）。年轻女性中没房没车的比例更高，而疫情期间，租客在一些小区的居住与出入受到限制，又忌惮公共交通的感染风险，这些特殊时期的特殊情况让很多人意识到房子和车子可以带来更多的安全感，这两项也因此成为很多年轻女性疫情后投资的首选。

表49　不同年龄被调查女性疫情后置业计划比较

单位：%

年龄	18~24岁	25~29岁	30~34岁	35~39岁	40~44岁	45~49岁	50~54岁	55岁及以上
百分比	23.3	34.4	28.4	25.4	20.7	17.9	25.3	14.1

随着被调查女性收入增加，计划买车的比例也呈上升趋势（见表50）。可以看出，收入不仅影响着被调查女性及家庭的汽车消费能力，也影响着她们的汽车消费预期。

表50　不同收入被调查女性疫情后买车计划比较

单位：%

个人收入	无	3万元以下	3万~6万元	6万(不含)~12万元	12万(不含)~18万元	18万元以上
百分比	18.6	20.7	27.4	30.5	27.8	29.7

4. 单身女性的出游意愿更强烈

2020年以来全球疫情形势持续严峻，出境游受限，国内游也较为谨慎，不同年龄被调查女性及家庭选择“把钱花在旅游上，在家憋坏了”的比例差别不大，出游意愿整体偏低，均低于20.0%（见表51）。但值得注意的是，国内疫情防控工作非常到位，出游意愿在国庆、中秋双节期间得到释放，人们的旅游消费热度集中爆发。

表 51　不同年龄被调查女性旅游计划比较

单位：%

年龄	18～24岁	25～29岁	30～34岁	35～39岁	40～44岁	45～49岁	50～54岁	55岁及以上
百分比	17.2	18.3	16.2	19.0	11.2	14.0	19.2	17.3

没有孩子的被调查女性选择“把钱花在旅游上，在家憋坏了”的比例最高，有孩子的家庭比例从高到低依次为：有1个孩子的、2个孩子的和2个以上的（见表52）。这说明，单身女性有更多的闲暇时间，可以来一场“说走就走”的旅行。但当了妈妈之后，因为要花更多时间照顾孩子、陪伴孩子，出游的可能性下降；而且随着家里孩子数量增加，带着全家出游的可能性也随之减小。

表 52　不同育儿数量被调查女性旅游计划比较

单位：%

孩子的数量	1个	2个	2个以上	无
百分比	16.4	14.3	12.1	18.8

随着个人收入增加，被调查女性出游的意愿也更强烈。年收入18万元以上的被调查女性选择“把钱花在旅游上，在家憋坏了”的比例明显高于其他年龄段的女性，为26.0%（见表53）。

表 53　不同收入被调查女性旅游计划比较

单位：%

个人收入	无	3万元以下	3万～6万元	6万(不含)～12万元	12万(不含)～18万元	18万元以上
百分比	9.9	14.7	17.1	17.6	18.8	26.0

5. "90后"更多选择"疫情后来一波'报复性'消费"

调查数据显示，25～29岁被调查女性选择"疫情后来一波'报复性'消费，购物逛街看电影吃大餐"的比例最高，显然既有一定经济收入又没有过重家庭负担的"90后"最潇洒，对疫情后来一波"报复性"消费的意愿更强烈（见表54）。

表54　不同年龄被调查女性的疫情后"报复性"消费意愿比较

单位：%

年龄	18～24岁	25～29岁	30～34岁	35～39岁	40～44岁	45～49岁	50～54岁	55岁及以上
百分百	16.8	20.2	15.1	10.2	5.8	4.8	8.3	4.5

6. 高收入女性计划炒股、买基金的比例更高

随着被调查女性个人收入增加，计划"抓住好行情炒股、买基金，赚取高收益"的比例呈上升趋势（见表55）。这说明，随着收入增加，被调查女性希望寻求更多的投资渠道，更倾向于让手中的财富升值。

表55　不同收入被调查女性炒股、买基金意愿比较

单位：%

个人收入	无	3万元以下	3万～6万元	6万(不含)～12万元	12万(不含)～18万元	18万元以上
百分比	3.0	5.9	7.0	10.3	18.1	16.4

随着被调查女性的家庭收入增加，计划"抓住好行情炒股、买基金，赚取高收益"的比例也呈上升趋势，高收入家庭偏向于更多元的理财产品或者投资渠道（见表56）。

表 56　不同家庭收入被调查女性炒股、买基金意愿比较

单位：%

家庭收入	6万元以下	6万~12万元	12万（不含）~18万元	18万（不含）~24万元	24万（不含）~30万元	30万（不含）~36万元	36万元以上
百分比	5.5	6.7	9.7	10.4	15.1	12.1	14.2

四　本次调查的主要结论

根据对本次调查数据的分析研究，我们概括出以下七大女性及家庭消费新特点和新趋势。

1. 新冠肺炎疫情催生女性及家庭消费模式新变化

新冠肺炎疫情发生后，被迫“宅”家生活让更多人有更多的时间上网。本已常态化的网络消费迅猛发展，日益健全的现代流通体系，为线下消费转移到线上消费提供了保障，“云娱乐”“云健身”“云消费”开启“云生活”模式。51.3%的被调查者“吃喝用度基本网购，乐享移动互联网下的便捷生活”；“云逛街”，线上团购、拼单等“云消费”成为女性新的消费方式。漫长的“宅”家时光让17.7%的被调查女性体验了新的逛街方式——看直播买买买、跟风各种网红带货。除了消费方式上的改变，消费品种也有所变化，超长的“宅”家时光，也让女性更关注家庭生活，更在意家庭环境改造和生活品质提升，因此在智能家电、家居等家庭生活用品上花费更多；疫情还带来女性消费和投资观念的改变，危机意识、安全意识增强，近1/3的被调查女性“更愿意存钱，购买安全、稳健的理财产品”。

疫情虽属重大突发事件，但此次疫情给女性和家庭在消费方式、消费观念、投资理念上带来的变化并非暂时的，这些变化必将更加广泛和深入地影响女性及家庭的未来生活。她们会更愿意理性地消费，更愿意考虑投资的长期性和稳定性，如同本次调查所展现的：35.9%的被调查女性会“更考虑长期和稳定，口袋捂得更紧、消费更理性”；26.1%的被调查女性“经历疫情感觉置产很重要，想买房、买车”；20.1%的被调查女性“买保险、黄金等，提高家庭抗风险能力”；14.8%的被调查女性选择“买国债、银行理财等中低风险产品”。这些已成为女性及家庭消费投资计划中的主要选项。

2.更多女性及家庭愿意为生活性服务买单

疫情期间，当餐厅和菜市场淡出人们的日常生活时，城市女性及家庭对“闪送”、无接触配送等到家服务依赖性增强。以网购、快递配送等为代表的新业态，为广大城市女性及家庭送去了生活必需品，维持了她们生活的正常运行，大大降低了她们在特殊时期的感染风险。除了“无接触”“不见面”服务之外，“家庭建设、婚恋情感、亲子教育等方面的指导”“便利购物、家庭用品配送等社区生活服务”“个性化、高质量的家政服务”“家庭医生、社区医院等公共卫生服务”“疫情后心理关爱、心理健康服务、就业指导和帮扶”等成为城市女性及家庭目前急需的家庭服务。

可以看出，城市女性及家庭随着生活质量提升，消费结构呈现由生存型向发展型、享受型逐步过渡的趋势，生活性服务需求日益增加。被调查女性及家庭乐于在“托育、上网课、上补习班等孩子相关支出”“防疫、看病、保健养生等医疗健康支出”“赡养老人支出”“在线教育、进修培训等充电学习支出”“请保姆、小时工、护工等家政服务支出”这些方面投入。因为有了更多的选择权和主动权，城市女性通过购买这些生活性服务，努力寻找工作与家庭的平衡点，更多地收获精神自由和时间自由。节省下来的时间要么用来读书，要么去旅行，让生活更加富有品质。新时代女性既专注眼前的事业与生活，也更注重诗和远方。

3. 节俭、绿色和公益渐成女性及家庭消费新时尚

勤俭节约是中华民族的传统美德，“谁知盘中餐，粒粒皆辛苦”“一粥一饭，当思来之不易”等早已耳熟能详。虽然我国粮食连年丰收，但我们对粮食安全要时刻保持忧患意识和危机意识。2020 年 8 月，习近平总书记对制止餐饮浪费行为做出重要指示。他指出，餐饮浪费现象，触目惊心、令人痛心！全国妇联也向广大妇女和家庭发出制止餐饮浪费行为的倡议。被调查女性及家庭牢记总书记的要求，积极响应全国妇联倡议，超过六成的被调查女性“从我做起，从家庭做起，制止餐饮浪费，崇尚勤俭节约”，位列 2019 ~ 2020 年消费新变化之首。同时，被调查女性的环保节约意识明显增强，特别是有了孩子的妈妈们更注重以身作则，为孩子树立良好的榜样，带领孩子一起践行勤俭节约的良好家风，也更趋于理性消费，逐渐形成了崇尚绿色环保、追求质量品质的消费理念。

调查结果还显示，“边购物边做公益”的模式受到城市女性及家庭的青睐，28.3% 的被调查女性及家庭参与了消费扶贫、购买公益性农产品，助力脱贫攻坚活动。消费扶贫一头连着贫困地区，一头连着广阔的市场，贫困地区的特色农产品与消费者相遇，不仅丰富了居民的购物车，还开拓出一条可持续扶贫之路。我们同时还看到，“边购物边做公益”这种公益消费模式的兴起，正在降低公益参与门槛，让越来越多的女性及家庭能够参与消费扶贫、爱心助农等公益行动，女性通过购买“爱心宝贝”“公益产品”，满足参与公益事业的热情和愿望。

4. 女性及家庭对新国货和中国消费市场充满自信

近年来，“中国元素”作为一种文化符号，正在引领一种消费趋势，获得越来越多人的推崇。随着文化自信的日益增强，以及国内企业不断创新、消费升级，从中国制造向中国创造转变，从中国速度向

中国质量转变，从中国产品向中国品牌转变，品质更高、性价比更高的“新国货”涌现，改变了以往人们对国货的认识。在本次调查中，28.3%的被调查女性及家庭表示“更热衷高质量、高品位、高颜值的中国自主品牌”。

在疫情冲击下，全球经济衰退。党中央审时度势出台了一系列扩内需、促消费的举措，除出口转内销、餐饮促消费、国货品牌营销等活动，发放消费券成了一大亮点。据商务部统计①，自新冠肺炎疫情发生以来，共有28个省市、170多个地市累计发放消费券190多亿元，实现了聚焦人气、增强信心、提振消费的目标。被调查女性表示，“发放消费券等促消费政策，增强了人们的购买欲望和信心”；她们对国内消费市场充满信心，期望“来一波‘报复性’消费，购物逛街看电影吃大餐”；希望“抓住好行情炒股、买基金，赚取高收益”。

5.“90后”“银发族”两大群体成为“硬核”消费新势力

伴随着互联网成长起来的“90后”，对互联网的运用更加娴熟，更热衷于“云逛街”、线上团购和群内拼单等“云消费”，她们在选择“吃穿用度基本网购，乐享移动互联网下的智慧生活”中的占比最高；“看直播打赏、跟风网红带货”已成为时尚，成为她们的一种消费方式；她们消费品种也更为丰富，不仅在电子、信息、科技消费中占有一席之地，更是美妆、服装、首饰等美丽消费和在线学习、进修培训等方面的主力消费人群。

与此同时，随着老龄化社会的到来，数量庞大、有钱又有闲的老年群体的消费能力不容小觑。城市中的老年人逐渐成为消费主力。一方面，她们继承了中华民族传统美德，崇尚勤俭节约，更愿意存钱，

---

① 《商务部：疫情发生以来28个省市、170多个地市发放消费券190多亿元》，中国网，2020年5月8日。

但丰厚的积蓄中潜藏着极大的消费潜力；另一方面，她们的消费观念正在发生改变，退休后仍有丰富的消费需求，更珍视健康，愿意把钱花在防疫、看病、保健养生等医疗健康上，也更懂得享受生活，在旅游上的消费高于其他年龄段的女性。因此，要充分挖掘“银发经济”红利。

6. 女性及家庭的旅游消费热情正逐步恢复

疫情暴发后，人们的出行受限，旅游相关产业迎来“寒冬”，收入大幅下滑。在以往的城市女性消费状况调查中，旅游已成为女性及家庭常态化的休闲方式和重要的大笔开支。2017 年，旅游支出居女性大笔开支榜首，居家庭大笔开支第三位。但本次调查显示，“各地文化体验游、特色旅游”下降到女性及家庭闲暇活动的第六位，“旅游度假、外出游玩”已下降到女性及家庭大笔开支的第七位。

值得期待的是，随着国内疫情防控常态化和复工复产有序推进，旅游市场正在逐步复苏。2020 年国庆节和中秋节，假期出游数据显示①，8 天长假期间，全国共接待国内游客 6.37 亿人次，国内旅游收入 4665.6 亿元，同比恢复 69.9%。在近期消费计划中，被调查女性表示要“把钱花在旅游上，在家憋坏了”。由于目前国外疫情形势依然严峻，出境游尚未恢复，城市女性及家庭多选择国内游，自驾游、文旅游、深度体验游、小众游等旅游新方式备受她们及其家人的欢迎。

7. 安全放心的消费环境是女性及家庭的共同诉求

如今，消费贷款渗透到人们日常生活的方方面面，上学、结婚、旅行、买房、买车、装修等领域几乎都能覆盖，随之而来的个人隐私泄露、网络贷款诈骗等问题层出不穷。再加之线上消费的蓬勃发展，

① 《双节长假全国共接待国内游客 6.37 亿人次　实现国内旅游收入 4665.6 亿元》，央视网，2020 年 10 月 8 日。

随处可见的“刷脸支付”，小区、学校和景点的“入园门禁”，在给人们工作和生活带来极大便利的同时，个人信息被过度采集和滥用的风险也不容忽视。被调查女性也表达了这种担忧，14.0%的被调查女性认为“在使用消费贷、分期付的过程中，更珍惜信用积累和个人信息保护”。

2020年“3·15”，中国消费者协会发布的《消费维权认知及行为调查报告》显示①，消费者的维权意识明显提升，90.2%的受访者遇到消费纠纷会采取维权行动；但“维权过程复杂”已成为消费者维权的痛点，严重影响受访者对维权途径的感受。本次调查也显示，仅有12.0%的被调查女性选择“维权渠道更加畅通、消费更加安全放心”。营造安全放心的消费环境，是被调查女性及家庭的共同诉求。

五　关于促进女性及家庭消费的建议

目前，新冠肺炎疫情还在全球蔓延，对各国人民的生产生活、就业民生带来了严重冲击。随着我国疫情防控进入常态化，以及复工复产的推进，“六稳”“六保”政策落地，我国经济持续恢复和好转，经济也加速进入新一轮调整期。贯彻落实党的十九届五中全会新部署新要求，应依托中国大市场优势，以国内经济大循环为主，加速扩大内需，让国内消费成为应对不确定经济形势的重要支撑点。我们从女性及家庭消费的角度提出以下几点建议。

（一）变局中开新局，打破女性及家庭的消费制约

疫情冲击下，居民收入增长放缓，增加储蓄以抵抗风险的意愿有

---

① 《中消协发布〈消费维权认知及行为调查报告〉》，人民网，2020年3月15日。

所增强，这些都对消费形成制约。应加强关爱服务，建立健全关爱帮扶贫困妇女、老龄妇女、残疾妇女、单亲妈妈等特殊困境群体的常态化机制，着力提高她们的收入；要做好“稳就业”工作，拓宽妇女就业渠道，因为有就业就有收入，就能扩大消费，引导鼓励女性从事家政服务、手工编织、旅游、电子商务等妇女优势产业，鼓励女性在现代服务业、先进制造业、数字产业、电子商务中担当作为，鼓励女性主动求变，善于在危机中育先机，于变局中开新局，积极尝试新的灵活就业方式，自主创业；要为妇女参与高质量发展搭建平台、创造条件，并发挥在线教育优势，组织开展形式多样的女性创业创新培训和竞赛，培育一批女性“双创”团队和带头人。

此外，应降低房地产对城市家庭消费的挤出效应，坚持住房不炒房的长期定位，促进住房消费健康发展；健全医疗、养老、教育等基本公共服务体系，加强公益性、基础性服务业供给，在幼有所育、病有所医、老有所养、住有所居等方面不断取得新进展，消除女性及其家人的后顾之忧，把她们的消费活力真正释放出来；同时，要带动城市女性及家庭在共治共建共享的基层治理中发挥作用，扎实推动共同富裕，让她们有更多更直接更实在的获得感幸福感安全感。

（二）发展新型消费和生活性服务业，助力改善女性及家庭生活品质

要深刻认识到我国已经进入新发展阶段，必须紧扣高质量发展，贯彻新发展理念，构建新发展格局，助力女性及家庭改善生活品质。这不仅需要顺应广大女性及家庭消费升级趋势，提升传统消费，还需培育壮大新型消费、新兴服务业等新动能。新型消费是移动互联网、数字技术等催生的新业态，例如网购、快递配送等，能让女性及其家人足不出户就能接触到海量商品和服务信息。从吃穿用等实物消费，向教育、文娱、医疗、旅游等更多服务领域扩张渗透，“云课堂”、

“云健身”、“云问诊”、“云上逛博物馆”、直播带货等线上消费，不仅支持了基本生活运转，还创造了大量就业岗位，新型消费对疫情后经济的拉动作用非常明显。

新兴服务业也是未来我国经济重要的增长点。调查结果发现，生活性服务业发展很快，越来越多的女性及家庭愿意为生活性服务买单，要推动与她们密切相关的生活性服务业向高品质和多样化升级，加快发展健康、养老、育幼、文化、旅游、家政、物业等服务业。医药、消毒液等与抗病毒有关的产品消费将快速增长；在老龄化趋势和“全面二孩”政策的大背景下，社会对家政服务的需求与日俱增，要加强标准化、诚信化、品牌化建设，促进巾帼家政服务提质扩容、高质量发展；同时要鼓励消费新模式新业态发展，大力发展无接触交易服务，促进线上、线下消费融合发展。

（三）加强消费者教育，发挥女性在家庭消费中的重要作用

要发挥女性在社会生活和家庭生活中的独特作用，促进消费向绿色、健康、安全发展。女性要带领家人共同参与绿色生活创建活动，把制止餐饮浪费行为落到实处、落在日常，尤其要教育孩子树立节约粮食的思想观念，拒绝“舌尖上的浪费”；要随时关注家人健康状况，在疫情期间要主动劝导、督促家庭成员戴口罩、勤洗手、拒绝野味，不买、不吃野生动物；注重对自己和家人充电学习方面的投资，不断学习新知识、掌握新技能、增长新本领；鼓励家人增强文化自信，增强对“中国制造”的民族感情，认同并积极购买国产品牌，增强对国内市场的消费信心。

同时，应对一些重点群体开展重点教育。本调查发现，生活的富裕容易淡化人们的勤俭节约意识。要引领高收入女性及家庭形成理性健康的消费观，不盲目攀比炫耀，坚持绿色消费、理性消费；针对老年女性群体，要帮助她们抵制各种以退休人群为目标的保健品会销、

传销以及借旅游团讲座等形式实施的恶性销售，不断增强她们的辨别能力和维权意识；全职妈妈在充电学习、美妆/服装/首饰等美丽消费方面的支出低，为自己投资，学习新技能、新知识的意愿低，满意度和幸福感也较低，应帮助和鼓励她们努力做对社会有责任、对家庭有贡献的新时代女性。

（四）充分利用政策优势，改善女性及家庭的消费环境

随着疫情进入常态化防控，生产生活回到正轨，消费，尤其是户外消费的全面复苏指日可待。要推动传统实体商超创新转型升级，改造提升商业步行街，搭建商业综合体、消费体验中心、健身休闲娱乐中心等多功能、综合性新型消费载体，培育消费中心城市；要以社区为依托，推动便利店连锁化发展、菜市场标准化改造，统筹社区教育、文化、医疗、养老、家政、体育等生活服务设施建设，为女性及家庭打造便民消费圈；要完善节假日制度，落实带薪休假制度，鼓励城市女性及家庭利用周末、小长假出游、购物，扩大节假日消费；逐步放宽或取消限购，鼓励购置新能源汽车，释放女性及家庭在汽车消费方面的潜力；要使全国 12315 平台、12315 专用电话等政务服务便民热线接收渠道更加畅通，简化维权过程，降低维权成本，强化消费者权益保护意识；要推进自由贸易试验区建设，扩大跨境电商零售进口试点城市范围，满足女性及家庭对优质国外商品的消费需求。

执笔：刘萍，中国妇女杂志社副总编辑、《婚姻与家庭》杂志总编辑，华坤女性生活调查中心理事长，编审，哲学学士，中国科学院心理研究所婚姻家庭专业研究生；张明明，华坤女性生活调查中心项目主管，管理学硕士、传播学学士，中级统计师；刘哲，华坤女性生活调查中心数据分析员，历史学学士、法学硕士。

Abstract

The book consists of one general report: "Promoting Women's All-Round Development and Empowering Women to Lead the Way of the Times: Annual Report on Chinese Women's State of Life in 2019 - 2020", and four survey reports: "The 15th Chinese City Women Life Quality Survey Report (2019 - 2020)", "Survey Report on Family, Family Education and Family Traditions in the New Era", "Women's Status of Life Seen from Their Body Health Management—City Women's Body Health Management Survey Report", "2019 - 20202 City Women and Family Consumption Survey Report", and looks into the all-round development of women in the new era from different aspects and in different fields.

The year 2019 marked the 70th founding anniversary of the People's Republic of China, and what China has achieved in the past seven decades is the testimony to the strong power of Chinese women. In 2020, at the height of the COVID-19 pandemic, Chinese women led the way with their commitment and dedication to tide the country over the coronavirus crisis. They displayed distinct characteristics in their pursuit of all-round development. (1) They have the national interest in mind and align personal development with the development of the country. (2) They forge ahead with hard work and take the initiative to take on risks and challenges. (3) They play a unique role in family building and improvements in family education and family traditions. (4) They practice frugality and live a civilized, healthy, green and eco-friendly lifestyle. (5) They advocate the value of self-esteem, self-confidence, self-reliance and self-improvement, and work hard to cultivate themselves. (6) They actively spread positive energy and take the initiative to provide volunteer services. They look forward to achieving moderate prosperity in all respects and continuing to pursue a better life; they urgently need domestic services to improve the quality of family life; and they hope to better adjust to pressure from multiple sources.

A 2019 – 2020 survey shows that women's overall quality of life scored 7.7 points, higher than in 2018 and 2017. The breakdown of the result shows 8.0 points for satisfaction with physical and mental health, 8.1 for sense of happiness, 7.6 for job satisfaction, 6.8 for income satisfaction, 7.7 for living environment satisfaction and 7.9 for satisfaction with the quality of family life. More than 90% of the women surveyed actively participated in the people's fight against COVID-19. They and their families tided over the difficulties and withstood the epidemic test through mutual support.

In the 2019 – 2020 period, due to the COVID-19 pandemic, 51.3% of the surveyed women and family "shop online for daily necessities and enjoy the convenience brought by mobile Internet." Among the big-budget expenditures, the biggest two items are housing and children-related expenditures, accounting for 50.9% and 42.2% respectively, followed by automobile and healthcare expenditures. The expenditure on strengthening the family's resistance to risks is ranked among the top four expected consumption items for the first time.

In a survey on family education and family traditions, 99.9% of the respondents agree with the importance of family; 96.9% think that domestic virtues include respect for the old, care for the young, loving to one's children, filial piety and sibling harmony; 99.7% agree that family education should attach importance to moral education and foster character of good virtues; 87.3% believe that every family member should contribute to family building.

A survey of urban women aged 18 to 65 shows that the average height of the women surveyed is 158. 6 cm and the average weight 58. 8 kg; 75. 1% of them are overweight; the average female body health index is 71 points.

Keywords: Women life quality; Women and family consumption; Family, family education and family traditions; Women body health; Pandemic impact

Contents

I General Report

B.1 Promoting Women's All-Round Development and Empowering Women to Lead the Way of the Times

—*Annual Report on Chinese Women's State of Life in* 2019 –2020

Women of China Magazine; *Huakun Women's Life Survey Center*; *Huakun Women Consumption Guidance Center* / 001

1. Six characteristics of women's pursuit of all-round development in the new era / 003
2. Women's new demands and expectations for all-round development in the new era / 010
3. Suggestions on promoting the all-round development of women in the new era / 014

Abstract: Chinese women joined the nation in celebrating the 70th founding anniversary of the People's Republic of China in 2019; and in 2020, at the height of the COVID-19 pandemic, they led the way with their commitment and dedication to tide the country over the coronavirus crisis. They displayed distinct characteristics in their pursuit of all-round development. (1) They have the national interest in mind and align personal development with the development of the country. (2) They forge ahead with hard work and take the initiative to take on risks and challenges. (3) They play a unique role in family education and the improvement in family conduct. (4) They practice frugality and live a civilized, healthy, green and eco-friendly lifestyle. (5) They advocate the value of self-esteem, self-confidence, self-reliance and self-improvement, and work hard to cultivate oneself. (6) They actively spread positive energy and take the initiative to provide volunteer services. Their new needs and expectations in the new era include: achieving moderate prosperity in all respects and continuing to pursue a better life; a better family life with the much-needed help of domestic services; and better adjusting to pressure from multiple sources. This paper suggests motivating women to strive for success in building a new development pattern and achieving a better life; giving full play to the unique role of women's federations and women in strengthening family education and improving family conduct; making gender equality a reality and empowering women to lead the way of the times.

Keywords: City women life quality; Women and family consumption; Family, family education and family traditions; Women body health; Pandemic impact

Ⅱ Women and Family Life Survey

B.2 The 15th Chinese City Women Life Quality Survey Report (2019 -2020)

Women of China Magazine; *Huakun Women's Life Survey Center* / 018

Abstract: A survey of 5153 city women shows that women's overall quality of life from 2019 to 2020 scored 7. 7 points, higher than 6. 7 points in 2018 and 7. 5 points in 2017. The breakdown of the result shows 8. 0 points for satisfaction with physical and mental health, 8. 1 for sense of happiness, 7. 6 for job satisfaction, 6. 8 for income satisfaction, 7. 7 for living environment satisfaction and 7. 9 for satisfaction with the quality of family life. The main findings are as below. In 2020, more than 90% of women surveyed actively participated in the people's fight against COVID-19. They had strong political integrity and a strong sense of responsibility to the general good, and committed themselves to serving national interests; they and their families tided over the difficulties and withstood the epidemic test through mutual support; they valued family education, family conduct and the all-round development of their children; they chose flexible employment to relieve economic pressure, but they preferred and valued stable employment; they kept learning and make continuous progress to meet the challenges. The paper suggests enhancing women's ability to cope with uncertainties; protecting women's rights and interests and allowing them to equally enjoy the fruits of reform and development; giving play to women's role in social and family life, and promoting the realization of gender equality.

Keywords: City women; Life quality; Evaluation index; Pandemic impact

B.3 Survey Report on Family, Family Education and Family Traditions in the New Era

Department of Family and Children of All-China Women's; Federation Huakun Women's Life Survey Center / 080

Abstract: A survey of 116014 adults shows that 99. 9% of them agree with the importance of family, 99. 7% agree that everyone should love one's country and one's home; 96. 9% think that domestic virtues include respect for the old, care for the young, loving to one's children, filial piety and sibling harmony; 99. 3% agree that good family traditions have a positive effect on the whole social atmosphere; 97. 8% think that the socialist core values are the core of building family civilization and should be implemented to the full in everyday life; 99. 7% agree that family education should attach importance to moral education and foster character of good virtues; 89. 5% believe that the primary cause of family disputes is lack of sense of responsibility; 87. 3% believe that every family member should contribute to family building. Respondents strongly agree that women play a unique role in family life. 87. 1% agree with the important role of women's federations in family building. The domestic services that the respondents urgently need are: a support system for community-based senior care, policies on family building, more nurseries and nursing homes, and outsourcing the housework.

Keywords: Family; Family education; Family traditions; Family building

B. 4 Women's Status of Life Seen from Their Body Health Management

—*City Women Body Health Management Survey Report*

Women of China Magazine; *Chinese Family Culture Research Society*; *Beijing Lanchao Body-shape Health Managing Research Institute* / 113

Abstract: A survey of 3868 urban women aged 18 to 65 shows that the average height of the women surveyed is 158. 6 cm and the average weight 58. 8 kg; 61. 7% of them have the body mass index (BMI) in the normal range; the average waist-to-hip ratio is 0. 82, and nearly 60% of them have centrality obesity; 75. 1% of them are overweight; 67. 0% of them have protein content, 72. 4% inorganic salt content and 67. 1% water content at the normal level; 70. 0% have poor posture symptoms, including hunchback, forward head posture, cervical scoliosis, curvature of the spine, in-toeing or out-toeing. 55. 1% of the women surveyed have made a fitness plan, but only 28. 6% of them exercise three or more times a week, and 65. 0% of them do not reach the standard length of time required for exercise. With 100 points as the highest score, the average female body health index is 71 points. Aesthetic education should be strengthened, scientific concepts and healthy lifestyles should be promoted, to help women better manage their body health and become healthier and more beautiful.

Keywords: Urban women; Body health management; Body health index

B.5 2019 –2020 City Women and Family Consumption Survey Report

Huakun Women Consumption Guidance Center / 145

Abstract: A survey of 5153 women shows that 91. 5% of the respondents have income, and 71. 8% of the family make 60, 000 to 360, 000 yuan a year. In 2019 –2020, the surveyed women and their families made changes to their consumption and investment, and the top two changes are: "Stop food waste and advocate frugality" (62. 4%) and "Shop online for daily necessities and enjoy the convenience brought by mobile Internet" (51. 3%). Among the big-budget expenditures, the biggest two items are housing and children-related expenditures, accounting for 50. 9% and 42. 2% respectively, followed by automobile and healthcare expenditures, 30. 0% and 29. 7% , respectively. The top three urgently-needed domestic services are: guidance on family building, marriage life, parent-child relations and family education; convenient shopping, delivery of household goods and other community-based lifestyle services; and personalized, high-quality domestic services. The expected consumption items are children's education, self-improvement and further education, buying a home or a car, and strengthening the family's resistance to risks, ranked in the order of importance to the surveyed women.

Keywords: Women consumption; Family consumption; Expected consumption; Pandemic impact

皮 书

智库报告的主要形式
同一主题智库报告的聚合

皮书定义

皮书是对中国与世界发展状况和热点问题进行年度监测，以专业的角度、专家的视野和实证研究方法，针对某一领域或区域现状与发展态势展开分析和预测，具备前沿性、原创性、实证性、连续性、时效性等特点的公开出版物，由一系列权威研究报告组成。

皮书作者

皮书系列报告作者以国内外一流研究机构、知名高校等重点智库的研究人员为主，多为相关领域一流专家学者，他们的观点代表了当下学界对中国与世界的现实和未来最高水平的解读与分析。截至 2021 年，皮书研创机构有近千家，报告作者累计超过 7 万人。

皮书荣誉

皮书系列已成为社会科学文献出版社的著名图书品牌和中国社会科学院的知名学术品牌。2016 年皮书系列正式列入“十三五”国家重点出版规划项目；2013~2021 年，重点皮书列入中国社会科学院承担的国家哲学社会科学创新工程项目。

S 基本子库
UB DATABASE

中国社会发展数据库（下设 12 个子库）

整合国内外中国社会发展研究成果，汇聚独家统计数据、深度分析报告，涉及社会、人口、政治、教育、法律等 12 个领域，为了解中国社会发展动态、跟踪社会核心热点、分析社会发展趋势提供一站式资源搜索和数据服务。

中国经济发展数据库（下设 12 个子库）

围绕国内外中国经济发展主题研究报告、学术资讯、基础数据等资料构建，内容涵盖宏观经济、农业经济、工业经济、产业经济等 12 个重点经济领域，为实时掌控经济运行态势、把握经济发展规律、洞察经济形势、进行经济决策提供参考和依据。

中国行业发展数据库（下设 17 个子库）

以中国国民经济行业分类为依据，覆盖金融业、旅游、医疗卫生、交通运输、能源矿产等 100 多个行业，跟踪分析国民经济相关行业市场运行状况和政策导向，汇集行业发展前沿资讯，为投资、从业及各种经济决策提供理论基础和实践指导。

中国区域发展数据库（下设 6 个子库）

对中国特定区域内的经济、社会、文化等领域现状与发展情况进行深度分析和预测，研究层级至县及县以下行政区，涉及省份、区域经济体、城市、农村等不同维度，为地方经济社会宏观态势研究、发展经验研究、案例分析提供数据服务。

中国文化传媒数据库（下设 18 个子库）

汇聚文化传媒领域专家观点、热点资讯，梳理国内外中国文化发展相关学术研究成果、一手统计数据，涵盖文化产业、新闻传播、电影娱乐、文学艺术、群众文化等 18 个重点研究领域。为文化传媒研究提供相关数据、研究报告和综合分析服务。

世界经济与国际关系数据库（下设 6 个子库）

立足“皮书系列”世界经济、国际关系相关学术资源，整合世界经济、国际政治、世界文化与科技、全球性问题、国际组织与国际法、区域研究 6 大领域研究成果，为世界经济与国际关系研究提供全方位数据分析，为决策和形势研判提供参考。

法律声明

“皮书系列”（含蓝皮书、绿皮书、黄皮书）之品牌由社会科学文献出版社最早使用并持续至今，现已被中国图书市场所熟知。“皮书系列”的相关商标已在中华人民共和国国家工商行政管理总局商标局注册，如LOGO（ ）、皮书、Pishu、经济蓝皮书、社会蓝皮书等。“皮书系列”图书的注册商标专用权及封面设计、版式设计的著作权均为社会科学文献出版社所有。未经社会科学文献出版社书面授权许可，任何使用与“皮书系列”图书注册商标、封面设计、版式设计相同或者近似的文字、图形或其组合的行为均系侵权行为。

经作者授权，本书的专有出版权及信息网络传播权等为社会科学文献出版社享有。未经社会科学文献出版社书面授权许可，任何就本书内容的复制、发行或以数字形式进行网络传播的行为均系侵权行为。

社会科学文献出版社将通过法律途径追究上述侵权行为的法律责任，维护自身合法权益。

欢迎社会各界人士对侵犯社会科学文献出版社上述权利的侵权行为进行举报。电话：010-59367121，电子邮箱：fawubu@ssap.cn。

社会科学文献出版社